Anxious
in
Love

在亲密关系中成长

〔美〕卡洛琳·戴奇（Carolyn Daitch） 〔美〕丽萨·罗伯邦（Lissah Lorberbaum）◎著

李楠◎译

中国友谊出版公司

图书在版编目（CIP）数据

在亲密关系中成长 / （美）卡洛琳·戴奇，（美）丽萨·罗伯邦著；李楠译. -- 北京：中国友谊出版公司，2019.6
书名原文：Anxious in Love : How to Manage Your Anxiety, Reduce Conflict, and Reconnect with Your Partner
ISBN 978-7-5057-4632-9

Ⅰ . ①在… Ⅱ . ①卡… ②丽… ③李… Ⅲ . ①婚姻-社会心理学 Ⅳ . ① C913.13

中国版本图书馆 CIP 数据核字 (2019) 第 039344 号

ANXIOUS IN LOVE : HOW TO MANAGE YOUR ANXIETY, REDUCE CONFLICT, AND RECONNECT WITH YOUR PARTNER

书名	在亲密关系中成长
作者	[美]卡洛琳·戴奇　[美]丽萨·罗伯邦
译者	李　楠
出版	中国友谊出版公司
发行	中国友谊出版公司
经销	新华书店
印刷	天津中印联印务有限公司
规格	880×1230 毫米　32 开
	7 印张　143 千字
版次	2019 年 6 月第 1 版
印次	2019 年 6 月第 1 次印刷
书号	ISBN 978-7-5057-4632-9
定价	45.00 元
地址	北京市朝阳区西坝河南里 17 号楼
邮编	100028
电话	(010) 64678009

赞　誉

　　"毫无疑问，焦虑是伴侣面临的一个劲敌，管理焦虑则是实现婚姻幸福最为艰巨的挑战和最为重要的成就。作者用深刻而明晰的语言描述了这一关键困境，并且提出了简明扼要的建议和练习。每对夫妇如果照此前进，终将会走进幸福婚姻的殿堂。正如作者所说：熟能持久。我建议，不仅是夫妇，所有的婚姻治疗师也都应该阅读这本书，这会让他们在工作中少些焦虑！"

——《得到你想要的爱》（*Getting the Love You Want*）作者、

《感受爱》（*Receiving Love*）联合作者

哈维尔·亨德瑞克斯（Harville Hendrix）博士

　　"本书将焦虑症的研究带入了一个崭新的领域，它揭示了焦虑将会对夫妻双方产生怎样的影响以及如何危及他们的幸福感。它教人以一种富有同情心的、有条不紊的策略，首先管理焦虑，随后用一系列行为和心理学的方法来掌控焦虑。最终这些技巧都可以整合入一个有效的程序中，伴侣双方都可以使用。

这种程序能让双方都平静下来，从而保持一种有质量的连接。本书是一个有价值的宝藏，为那些患有焦虑的人以及与患焦虑症的人一起生活的伴侣，都提供了宝贵的指南。"

—— 《绿野仙踪和其他自恋者》（*The Wizard of Oz and Other Narcissists*）作者埃莉诺·佩森（Eleanor Payson）

"焦虑症、惊恐障碍、强迫症和社交回避症等，可以侵蚀乃至摧毁一段关系。这本书给你提供了一些方法，让你可以减少、管理甚至消除你过多的焦虑（或是能帮你理解伴侣的焦虑）。在读过这些简单但却行之有效的方法之后，我相信你会迫不及待地将其付诸实践，并且你们的关系会有立竿见影的转变。"

—— 《改变你生活的书》（*The Change Your Life Book*）、《重写的爱情故事》（*Rewriting Love Stories*）作者比尔·奥汉隆（Bill O' Hanlon）

"首先，在为患者进行心理治疗的同时，治疗师可以把本书作为工作簿。在这本书的指导下，患者能够从治疗中受益更多，可以提升他们的自我意识和自我依赖，同时还可以扩展自我关爱，能获得稳定感、发展界限感和影响管理技巧。"

—— 《内心力量和分裂自我的疗愈》（*Inner Strengths and Healing the Divided Self*）联合作者、医学博士克莱尔·弗雷德里克（Clarie Frederick）

"这本书首先是写给备受焦虑折磨的人以及他们的伴侣的……这里面准备了多种练习可供读者尝试，所以他们可以从中找出最适合自己的部分，用这些练习降低自己的焦虑、识别情绪和生理焦虑体验，这样就能避免焦虑反应。或者更重要的是，学着平静下来，而不仅仅是避免焦虑……两位作者从她们几十年的临床经验中撷取了一些人物案例，做了简单评估，还提供了一些操作性强的实践练习。她们本着真诚疗愈的态度，创造出了一种轻快和谐的氛围……在认真阅读本书，并将其积极付诸实践之后，任何正遭受焦虑之苦的人，都能获得明显裨益。"

——临床医学学士、塔斯马尼亚州密尔顿·H. 艾瑞克森研究院主任罗伯特·麦克内尔（Robert B.McNeilly）

前　言

　　"我不知道该怎么办了，"珍妮（Jenny）向姐姐倾诉，"昨晚斯科特（Scott）又和我大吵一架。这一次他很生气，就因为我不想去参加他的大学同学聚会。即使他知道我受不了和陌生人共处一室，我也对飞行有恐惧，可现在斯科特根本就不理解我。"

　　妮可（Nicole）放下咖啡杯，握住妹妹的手。"你知道吗？简，你总是过于担心。很多次，你担心的事情我压根儿都不会多想。这也是有时我对你不耐烦的一个主要原因。你觉得你现在这种担心给你的婚姻造成伤害了吗？"

　　"我不知道，也许吧。就像我说的，他只是不了解我，"珍妮回答说，"现在我经常不禁会回想，我们当初是怎么在一起的呢？我俩的意见永远无法统一。每次我在焦虑中想去寻求他的支持的时候，他就会说，我只是喜欢夸大事实，我的担心太多余了。他说我应该放松下来。我知道他认为他这样说是在帮我，但实际上并没有作用；这样说只会让我觉得自己不可理喻、走投无路，觉得他不在乎我。我无法摆脱这些忧虑，也无法放松下来。没那么简单。"

多年来，我们在治疗慢性焦虑症（chronic anxiety）患者的过程中，曾目睹了很多案例，明白慢性焦虑能够给亲密关系中的伴侣带来怎样的伤害和挫折。所有的关系都具有挑战性，但是如果其中一方患有严重焦虑障碍，这种挑战则会变得尤为艰巨。随着时间的推移，即使是最恩爱的关系都可能会因为焦虑而变得紧张，使信任和亲密消磨殆尽。双方开始觉得对方"无法理解我"。可能真是这样——因为**如果一方焦虑而另一方没有焦虑的话，那两个人的生活体验是完全不同的，这些不同的体验会使两人中间产生一条日益加深的鸿沟。**

如果你患有焦虑障碍，你就会明白这种感受非常孤独：焦虑无时无刻不在你的脑海中浮现，而且几乎毫无间断。你会反复思忖每一个决定，每一刻都活得胆战心惊，害怕灾难即将到来；或者你可能会感到无比惊惶和恐慌，这种感觉如此来势汹汹，你和伴侣都无法打消这种念头。你可能无法想象，对你的伴侣来说，你的焦虑一样会让对方产生痛苦——但这是真的。焦虑可以伤害你的伴侣，也会损害你们的亲密关系——就像对你本人造成的伤害一样深重。

这种相互连接的感觉，加上互相理解和关怀，是构建亲密关系的一个基本要素。而你的焦虑会削弱这种连接感，让它大打折扣。随着时间的流逝，你的沮丧、疏离和孤独感也会与日俱增。同时，因为苦于无法减轻你的焦虑，你的伴侣也会变得越来越沮丧。一旦你们之间的冲突加剧，你们的连接也会逐渐"断开"。你们双方可能都会觉得，虽然确实是在说话，但是却并没有真正地交流。更糟的是，你可能会觉得，你们只能坐困愁城而无法冲出绝望的包围。就像珍妮一样，你可能会记起曾被彼此珍视的那些相互关心和连接，但是也会感到担心，害怕这种连接感已经一去不复返了。

在刚开始感到焦虑的时候，你会向伴侣寻求帮助，希望对方帮你"处理"，而一旦对方没有帮到你，你又会感到失望——当然，这都是人之常情——但实质上，你才是唯一有能力克服焦虑的那个人。这样说你可能会很难接受，但是你才是有权利、有义务去做这项重要工作的人。好在，一路行来，你并不孤单。这本书的目的就在于为你提供各种各样的方法和技巧，以帮你减缓焦虑，减少冲突，巩固你与伴侣之间的连接感。它能帮你更好地理解你们关系中的嫌隙，掌握一些特殊的技巧和方法，从而帮你提升彼此之间的连接感，并开始学习以更有效的方式来管理自己的焦虑。

第一部分"是什么在威胁你的亲密关系"的练习就为你提供了一些平复焦虑的方法，这样那些看似无法控制的恐惧就会开始消退。一旦你能够调节自己的焦虑程度，你就可以把注意力转移到你的关系上面。在第二部分和第三部分中，你将会学到如何改进沟通方式，增进与伴侣之间的连接感。第一步就是弄明白如果伴侣中的一方患有焦虑障碍，这种关系的动态是怎样的；然后你将学到交流和行为的可识别模式，随着时间的推进，这种模式会破坏信任和亲密关系。第二部分和第三部分为你提供了一些方法来打破这些旧的模式，并且创建新的互动方式，这些必将促进你们双方都渴望建立的深切的连接感。

如何使用这本书

如果你是在亲密关系中患有焦虑的那个人，这本书主要是写给你的。每一章都能帮你深入了解焦虑，并提供具体的管理方法。由于所有章节和方法都是相辅相成的，所以你最好按顺序依次阅读，这样才能获得最大程度的收益。并且，你不仅仅只是在阅读，这也是一个参与治疗和改变的过程，你需要抽出足够的时间去熟悉每一章附后的练习，一目十行、走马观花地浏览本书，对你来说并无任何益处。

很显然，虽然实践之初会很困难，但仍要对每一章中所提到的技巧都加以练习，这一点非常重要。这有点像学吉他，你不能指望在一天之内学会所有的和弦。你一次只能学会一个和弦，随着时间的推移，通过反复练习才能掌握所有技巧。所以每个练习不要只做一次，每一章提到的技巧都要勤加练习。通过这种方式，你可以学会和掌握一系列减少焦虑的技巧和技术。在阅读完全书之后，你可以将其随身携带，以备在需要温故知新的时候，可以任意参考书中的方法练习。

如果你是不焦虑的那一方，这本书可以帮你更好地理解对方的焦虑，同时教你一些方法，以便你在亲密关系中改进你们的沟通模式。当然了，你可以在阅读本书的整个过程中获得最大收益。由于焦虑障碍，你的伴侣势必会在生活中面临种种具体挑战，第一部分会让你对这些挑战有一些更为深切的理解；同时详细描述了一些新方法和新技巧，这正是你的伴侣用来缓解他／她的焦虑的方法和技巧。尤其重要的是，你还会了解到你的伴侣可能将会用到的缓解焦虑的"暂停法"（time-out technique），这个将会在第二章谈到。"暂停法"是所有减缓焦虑的基础练习，你的伴侣将来会大量运用以减缓自身焦虑。如果你能理解这个方法的目的和益处，你就可以鼓励对方的点滴进步，这一点很重要。这种技巧也会缓和关系中的冲突，所以你也可以从练习"暂停法"中受益。

患有焦虑症的另一半的成长和变化，只是解决方案的一半。第二部分和第三部分所附的练习是经过特别设计的，目的在于深化你们的亲密关系，其特点是信任、尊重和健康的相互倚赖。通过做这些与你情况相契合的练习，你可以推进伴侣的康复进程，并且收获令人满意的关系。请注意，附录A和B是专门写给你这种不焦虑的伴侣的；如果对方患有焦虑症，在你们沟通的过程中可能会出现一些误会，附录中提供了一些建议和策略来帮你解决这些问题。

焦虑会对生活的方方面面产生影响，成就感和满足感会被痛苦取代。然而，焦虑也可以是促进你成长的催化剂。在下面的内容中，蕴涵了促进你成长和改善亲密关系的种子。我们希望，在你踏上恢复和转变之旅时，你可以早日摆脱焦虑的困扰。你的一切努力不会白费，并将产生无比丰厚的成果：所以请从今日开始努力吧。

目　录

持久。你可以通过训练自己的身份灵活性，来发展出健康的相互依存关系。

第 8 章　从感性多变到理性稳定 / 169

亲密只有从感性阶段步入理性阶段，才能够真正变得有益、充实、稳定，达到亲密关系的顶峰。理性关系中充满了相互欣赏和感恩，你可以通过培养自己的感激之情，来发展出理性的亲密关系。

第 9 章　从朝夕相处到长久陪伴 / 181

亲密关系是需要经营的，只要不断地耕耘，你最终会收获一段美好的关系。本书已经将亲密关系的技巧倾囊传授，相信你一定能够利用它开启美好的人生！

附录

图书资料

第一部分

是什么在威胁你的亲密关系

第1章

亲密关系的头号杀手——焦虑情绪

亲密关系从热烈到冷淡，很多时候是从双方的情绪波动开始的。而对亲密关系伤害最大的情绪，就是焦虑。某一方的焦虑不仅会影响另一方的情绪，而且还会加剧相处的负担，让亲密关系出现裂痕。

我们都曾体验过恐惧（fear）：对感知到的危险所产生的强烈的生理和心理反应。我们同样也都体验过焦虑（anxiety）：一种生理和心理的紧张状态，通常伴随着令人不安的感觉、身体不适、担心、偏执或灾难性的想法、严格和回避性的行为等。其实，体验恐惧和焦虑的能力，是人类生存下去所必要的，这可以在很多方面帮到我们。恐惧和焦虑有助于提醒我们，我们幸福生活的某些方面可能正处于危险之中。这些体验能够调动我们的大脑和身体做出反应，判断是否面临威胁，而且威胁一旦存在的话，它能给予我们保护。

　　比如说在路上，你注意到前面的汽车突然停下了，出于恐惧，你的身体就会及时动员起来，紧急踩刹车。由于害怕出车祸，你想保护自己和他人免受伤害，就会全身紧急总动员，以避免撞车。同样，对于即将到来的年度绩效测评的焦虑，会激励你提升工作表现。由于害怕可能会得到一个差评，这种焦虑会激励你采取行动，这样就有了一份工作保障。因此，体验恐惧和焦虑是一种适应性的能力。

　　然而，如果恐惧和焦虑的程度与你目前遇到的情况不相称，就会出现问题；换言之，重要的是你恐惧和焦虑的程度要与当下的状况相适应。如果你过于紧张或焦虑，它就无法帮你以最优的状态做出响应。事实上，过度恐惧和焦虑本身就会变成障碍。例如，在前几周，提前知道要面临工作测评会让你变得手足无措，担心与日俱增，工作效率下降，这样焦虑就会成为阻碍而不是助力。又或者，如果每次试图开车时，你都会感到同样的恐惧——虽然这种恐惧曾一度帮你躲过车祸——你会对驾驶感到紧张，从而避免开车。这种不良反应会导致你在驾驶方面完全依赖你的伴侣，这样可能会使你们的关系变得紧张。

有时候，同等程度的恐惧可以挽救性命，但是如果持续下去的话，就会成为生活中的巨大障碍，这样就适得其反了。因此，不要简单地说焦虑是好是坏，不妨问一下自己，我的焦虑有没有影响我的身体状况或者我对生活的满意度，有没有影响我和伴侣之间的关系？或者伴侣会认为我对当前情形过于焦虑了吗？如果你对于其中一个或者两个问题的答案是肯定的话，这一章将会帮你更好地认识你的焦虑体验的类型。

如果你正因为焦虑而阅读此书，你很可能就是患有焦虑障碍（anxiety disorder）。然而，对那些困扰你生活的焦虑来说，你不需要非去确诊为焦虑障碍不可。区别在于程度问题：你的焦虑会在多大程度上干扰你的正常行为、妨碍你享受生活，其中也包括享受亲密关系。慢性焦虑的共同点就是无所不在的恐惧和不安，它们扰乱了你的安全感。无论哪种类型的焦虑体验，这种挥之不去的"疾病"都将严重影响你的身体和思想，并会波及你的亲密关系。

首先让我们来看一下，如果你是一个具有焦虑倾向的人，在生活中会有哪些常见的反应（记着，有焦虑倾向并不意味着你就一定患有焦虑症）。我们将研究这些反应模式会对你的生活质量——以及你的亲密关系——造成何种影响。接下来我们将介绍六种类型的焦虑障碍以及每种类型的恐惧和焦虑的特点。在每一章的最后都附有两份调查问卷，来帮你评估焦虑在何种程度上会影响你的生活以及你和配偶或伴侣之间的关系。知识能帮你进行自我认知。认识到自我的焦虑是挣脱它的摆布、改善和伴侣关系的第一步。

容易焦虑之人的性格特征

"我受不了瑜伽的'安住当下'（in the moment），真有瑜伽障碍这一说吗？"上完第一节瑜伽课后，莉莉（Lilly）跟她妹妹开玩笑，"我和罗恩（Ron）都认为一起做做瑜伽是件好事，尤其是从我情绪激动、经常有紧张感以来，我们俩很容易吵架。"所以在了解到这对夫妻瑜伽课之后的感受，我们都认为这将是个一起学习放松的完美方式。

"就先拿第一节课来说吧，这位瑜伽老师很棒。老师告诉我们，要'安住当下'，要为此时此刻在做瑜伽而心怀感激。罗恩也笑眯眯地望着我。但我心里想的却是我今天要做的所有事情。我们家要准备圣诞晚会，但我却没时间打扫卫生，因为办公室里还有很多工作要做。我很担心，我要是做不完可能就会被炒鱿鱼。接下来，要是我找不到下一份工作怎么办？我不得不考虑钱的问题。我要如何分配才能保证在预算内给大家庭里的每个人都准备一份像样的节日礼物呢？这真是一年中让人倍感压力的一段时间！"

"第二件事就是，当我睁开眼睛，我看见班里的每个人都在地板上做出'鸽子式'（pigeon）或者其他什么以动物命名的瑜伽动作，只有我还屁股朝天做'下犬式'（downward-facing dog）！不仅如此，我开始感到后背一阵刺痛，就像痉挛一样。真是糟糕透顶，连瑜伽都让我感到紧张。我告诉罗恩我不想再去上瑜伽课了，他对此非常失望。"

莉莉在头脑中所想的一连串的事情，明显影响了她放松下来，使她无法与罗恩一起享受瑜伽课。而这表明了她的反应方式：这是她面对日常生活事件的常规应对方式。这种反应方式就像透过一个透镜来看世界，为你解读和应对日常情况涂上了一层色彩。如果你容易紧张，你在对外界做出反应的时候，经常会发出"红色警戒"，而这种情况在别人那里却根本不值一提。

为了更好理解这些容易引发焦虑的情绪反应模式与焦虑倾向之间的关系，可以把焦虑视作一个连续不断发生的情况，这样有助于理解。想象一下，在这个连续体中，左端代表很少甚至没有焦虑，右边代表高度焦虑状态。最优水平的焦虑通常落在中间范围：你既不会处于一个长期不断焦虑的惊惧状态，但焦虑水平也不会过低，以至于低到无法适当应对危险或生活中的挑战。在年度绩效评估中收到差评，你会感到担心；接到医生电话，得知自己需要做一个活检排除癌症嫌疑时，你会感到恐惧。但是这些担心和恐惧都是适度的，你要让你的焦虑水平落在这个连续体的中间范围内。就像《三只小熊的故事》（*The Story of the Three Bears*）里的那个金发姑娘（Goldilocks）一样：不要太高，也不要太低，而是要刚好。如前所述，你的焦虑水平与你遇到的每个压力源（stressors）都要相互匹配。

然而莉莉的反应却有些过度，已经超出了最优状态。她无法在瑜伽课上'安住当下'，而是不断担心未来，这种情况被称为"专注未来"（future focusing）。这种焦虑的关键因素之一就是生活在未来。考虑到即使在毫无威胁、气氛轻松的瑜伽室里，她对未来的担忧都会提升她的焦虑程度，可见确实是有些反应过度。事实上，她对未来的担忧使得她从当下的动作中分心，或者说，班里其他人都从下犬式转换到了其他动作，这让她显得有些尴尬。

当莉莉把注意力转回到当下，并且调整了自己的姿势去和班里同学保持一致时，她发觉自己的背部有轻微的刺痛感。然而，这种关注当下的意识，也确实提高了莉莉的焦虑水平。她将这种刺痛解读为背部出现严重问题的先兆，并为此感到担忧。这种反应模式被称为"选择最大化"（option maximizing）。"专注未来"和"选择最大化"是焦虑倾向反应模式的核心问题。下面就让我们来更详细地探讨一下。

专注未来

如果你是这种反应模式，那么你倾向于对即将来临的事件感到过分担心。你会考虑到每一桩可能发生的意外事件，并试着做出相应预案。例如，为了做一个假期计划，你需要对未来进行关注。是的，要紧的是关注天气预报，考虑你将参加的一些活动，并把这些东西牢记在心。但是如果你的焦虑反应风格是专注未来型，在这一过程中你可能会忧心忡忡，因为你会试图揣测每一个可能出现的问题，担心如果这些问题一旦发生，将会带来怎样的后果。因此，你可能不会去畅想在加勒比海逍遥度假的轻松时光，反而会担心如果被水母蜇伤或者行李丢失了该怎么办。其实，你在当下惴惴不安，浪费了大量的时间为未来担忧。

选择最大化

如果你是一个选择最大化者（maximizer），你很可能不止一次被人指责小题大做。作为一个选择最大化者，所有的小波折都会大幅增加你的焦虑水平，比如因为堵车而使约会迟到五分钟，准备拿来做晚餐的烤肉已经变质，或者与一位新客户预约两次等。没有人喜欢这些日常生活中的小晦气。但是，如果你是一个选择最大化者，它们会使你的焦虑水平上升，并且会以为这些晦气会产生灾难性的影响。你会发现，同没有这种倾向的人比起来，你想大事化小会很难。

无处不在的人体扫描仪：选择最大化的一种特殊类型

提及选择最大化，就不能不提人体扫描（body scanning）。一些选择最大化者经常会检查身体，对任何疾病或身体疾病的迹象都保持警惕。一般人如果胃疼，他们可能会认为这只是暂时消化不良罢了。然而，如果你是一个关注全身的选择最大化者，你会持续关注胃部感觉，担心这可能是重大疾患。你的脑海中可能会闪现各种担心：我想我可能是患了流感，我希望这不是 H1N1 病毒，这太可怕了。或许更糟，可能是结肠炎甚至是结肠癌的早期症状。你时刻关注胃部的生理感觉，对任何预示着更糟情况的迹象都不敢掉以轻心。

遗憾的是，这种反应模式是有害的。如果你倾向于扫描自己的身体以寻找痛苦程度的指标，你可能会注意到各种生理感觉，而对另一些人来说，这些却是无足轻重的。这些生理感觉会引起担忧，足以提升你的紧张和焦虑水平，并且使你的身体更加不适。比如说，在瑜伽课上，莉莉注意到自己的背部有刺痛感时，她的焦虑水平也随之上升。后来她不断攀升的焦虑和随之而来的肌肉紧张感，实际上会使她更有可能出现背部痉挛。这就好像是在 20 世纪 80 年代的电影中那些常见的科幻现象一样，身体扫描仪被困在现实生活中的扭伤之处，只不过现在是"无处不在的人体扫描仪"。

后果：固执和易怒

如果你睡眠良好、精力充沛、头脑冷静，你的身体就处在最佳状态。这一天中，如果有意想不到的问题出现，你也会有足够的耐心来处理。在你制订计划或解决问题时，你就更容易记住要灵活变通。但是当你长期高度焦虑，你的身体系统已不堪重负。你的情绪、精神和身体能量储备已近枯竭，要想耐心灵活地应对生活中的各种问题也就变得更具挑战性，人会变得固执和易怒。

想象一下：你的伴侣打电话来说他／她有工作进度要赶，今晚不能和你一起共进晚餐了。可是你们之前就订好了餐厅；或者你已经安排好了晚上一起出去；或者你努力在家准备了一顿浪漫晚餐；抑或你原本也没有什么特别的计划，但现在对方缺席就意味着你做饭没有帮手，没人帮忙检查孩子作业，没人帮忙给他们洗澡，哄他们上床睡觉。

如果你的内部资源已经由于长期压力而变得枯竭，你很可能会被这个计划表上的意外事件打乱步骤，变得手忙脚乱。你也更容易在电话中发火，对其厉声斥责。花点时间退后一步，静下心来温柔评估一下你的失望程度和伴侣的工作要求，这样可能会更有利于你的人际关系，但这并非典型的默认反应（default reaction）。从长远来看，频繁的易怒和固执会影响你的幸福感和与伴侣之间的关系。

正如你所看到的，那些影响你生活的焦虑，不一定都是焦虑症。当然，大多数焦虑障碍患者确实会更容易表现出这种焦虑倾向反应模式。例如，选择最大化和专注未来是焦虑症的要素。在下一节中你将看到，焦虑症是特定的、独特的、强烈的焦虑症状组成的合集，可以极大地扰乱日常生活，影响亲密关系。

焦虑症的类型

认识和了解各种类型的焦虑症是疗愈的第一步。了解自身特有的焦虑症状的好处在于：你会发现你并不是一个人，你会明白你的症状是怎么回事，对那些让你感到痛苦的根源了然于心，明了有效的治疗方式，知道有很多人也在为此而苦苦斗争，他们中有人克服了同样类型的恐惧——所有这些，都可以让你感到释然和安心。

广泛性焦虑障碍

如果你患有广泛性焦虑障碍（generalized anxiety disorder，GAD），你可能整日都会忧思重重。每一天，你的脑海中都会不停地闪现各式各样、接二连三的"如果"：如果在接下来的年度体检中，医生查出我有毛病怎么办？如果在去朋友家的路上，我迷路了怎么办？如果现在经济不景气公司裁员，我因此丢了工作怎么办？如果我的女儿在毕业舞会上没人邀请约会怎么办？这个清单可以很长很长，一直罗列下去。

这是广泛性焦虑障碍患者的特征：他们的担心并不会集中在某个特定的压力源上面。相反，正如这种障碍的名称所隐含的意义一样，你所担心的焦点广泛存在于日常生活之中。你长期忧心忡忡，很少再多做思考。

如果你长期且频繁处于焦虑状态中，你体内会生成过量的应激激素（stress hormones），比如皮质醇（cortisol）和儿茶酚胺（catecholamines），这样会使人身体长期不适。广泛性焦虑障碍患者通常会伴有紧张性头痛、胃痛或其他胃肠不适等症状，还有肌肉疼痛、背痛和疲惫不堪等。虽然造成这些身体疾病的因素有很多，但是过量的压力源是其中一个主要原因。

更有甚者，如果你患有广泛性焦虑障碍，你可能会更加敏锐地感觉到体内任何不适。许多广泛性焦虑障碍患者都仿佛自带身体扫描仪，身体哪怕稍有不适都会非常敏感——而这样的生理感觉，根本不会引起那些非焦虑症患者的注意。这些身体上的不适会带给你很大的情绪困扰，因为它们会提升你的焦虑水平。

广泛性焦虑障碍的身体症状不只会降低你的生活质量，它还让你平添许多担心，从而释放更多的应激激素，这反过来可能又会导致身体持续不适，甚至加剧这种不适感。这种担心和持续增长的身体不适所产生的恶性循环，也会让你长期感到疲惫。你可能会发现，你必须要竭尽全力才能度过每一天，这是你所能做的全部。对那些患有广泛性焦虑障碍的人来说，担心会使人筋疲力尽。更重要的是，你长期的担忧和对未来灾难的关注，会剥夺你和伴侣当下的快乐。

总的来说，广泛性焦虑障碍包括以下症状：

- 与其他焦虑障碍不同，它会对日常行为、决定和事件等日常活动表现出持续担忧，并没有特定的主题。
- 身体长期不适，如不明原因的肠胃不适、头痛和疲劳等。也就是说，在你忧虑的时候，由于体内压力激素水平长期居高不下，这些都是会出现的症状。

惊恐障碍

惊恐障碍（panic disorder，PD）的三个主要特点是惊恐发作（panic attacks）、预期焦虑（anticipatory anxiety）以及回避（avoidance）可能引发惊恐的地方或情况。如果你被诊断出患有惊恐障碍，你至少经历过一种惊恐发作：你曾在某个时刻体验过强烈的恐惧，并伴有诸如心跳加快、呼吸急促、出汗或者出冷汗等生理感觉。之所以会出现这些身体症状，是因为你的神经系统在高速运转，进入了"战或逃"(fight-or-flight) 的模式。虽然这种高度警觉状态不会对健康构成严重的威胁，但惊恐发作时的身体症状，通常会使人担心自己患有心脏病或其他医疗紧急事故。在惊恐发作时，人们有时会认为自己会"发疯"，这也是很常见的情况。

梅丽莎（Melissa）第一次惊恐发作时就是这样。"一个周六下午，我们在一家新的家居装饰店购物。上一分钟我还好，在选看新床单，可是接下来我的心脏跳得飞快，我喘不上气来。我急于想离开那里，但是因为太慌张，我找不到出口在哪儿。我感觉我要疯了。谢天谢地，我的丈夫也在，如果他不在，我真不知道该怎么办了。他拉着我的手，领着我走出商店并带我去看急诊。我以为我肯定是心脏病发作了。不过，在我们到了医院以后，痛苦、恐惧、呼吸急促统统都不见了。这场发作唯一留下的痕迹就是我绷紧的神经，以及由于窘迫出汗而在衬衫腋下留下的汗渍。"

"医生给我做了一个心电图（ER），最后告诉我说'只是神经问题'。神经！就好像他们告诉我，我刚刚经历的那些非常可怕的事情只是发生在我的想象中一样。这也太不靠谱了！"

如果你对梅丽莎描述的经历也深有体会，那么你就是和数以百万计的人一样，也曾惊恐发作过。但是一次甚至是多次惊恐发作，并不一定意味着你就患有惊恐障碍。只有在你开始大量思考和担心下一次惊恐发作来袭时，这才是惊恐性障碍发作的前兆。这就是所谓的预期焦虑。如果你有惊恐障碍，你会在头脑中不断预演惊恐发作时可能会出现的画面。接下来，你开始避免去那些你觉得可能会引发惊恐发作的地方。这是惊恐障碍的第三个特征：回避。

梅丽莎对于她的惊恐障碍发展过程的描述，充分体现了预期焦虑和回避的特点："无论我做什么，我仍然无法停止回忆第一次惊恐发作时的感受。哪怕是一想到还要去那家商店，都会让我浑身发抖。几周后，我在超市购物时惊恐又一次发作了。这次感觉和第一次时一样，只是我丈夫没有在身边帮我。尽管上次医生安慰过我，但是我还是再次相信我的心脏要停止跳动了，我快死了。"

"现在，我感觉我完全受惊恐的摆布。我不知道它何时何地会突然发作，我无法阻止这种感觉，而且它一旦发作，我也无法控制，所以我尽量避免去大型超市购物，如果实在不得不去，我就尽可能快进快出。这是我对惊恐发作唯一能掌控的事了。"

一些患有惊恐障碍的人非常害怕自己在公共场所发作，所以他们轻易不敢走出家门。这是惊恐障碍中的"陌生环境恐惧症"（agoraphobia）：对置身公共场所怀有强烈恐惧。无论你是否患有"陌生环境恐惧症"，对惊恐发作的预期焦虑和随之而来的回避，可以将惊恐障碍患者和偶尔惊恐发作的人区别开来。

总的来说，惊恐障碍有三个主要特点：

- 惊恐发作一次或多次；
- 预期焦虑：经常担心下次惊恐可能会在某时某地发作；
- 回避那些可能会引发惊恐的地方和情况。

为了回应你的预期焦虑和回避行为，你的伴侣会承担起你已无力承担的任务。例如，梅丽莎的丈夫开始包揽了所有去商场购物的事。然而，共同承担家务是完善的亲密关系的一部分，这种由于伴侣的焦虑而进行的分工会给关系笼罩上一层阴影（我们会在第七章和第八章进一步讨论这个概念）。惊恐障碍还会在其他方面影响亲密关系。梅丽莎的回避行为，使得她和丈夫能一起参与的活动非常有限。在她患上惊恐障碍之前，他们喜欢周六下午在家里共同制订家居装饰计划，可是现在一起去家装商店是不可能了。

特定恐惧症

特定恐惧症（specific phobias, SP）是指对某一特定事物或情境的极度恐惧和厌恶。一些常见的特定恐惧症包括害怕狗、蛇、蜘蛛，恐高，晕血和晕针等。如果你患有特定恐惧症，当你面对你害怕的对象或情况时（这被称为恐怖刺激），你的恐怖体验是没有理由可言的。你可能想尽力说服自己，但还是无法打消这种极度恐惧感。

特定恐惧症的后果是，你可能会竭尽全力来避免面对恐惧刺激。如果你害怕蜘蛛，你可能不会去清理布满蜘蛛网的地下室；或者你会有选择地计划与伴侣的度假休闲活动，规避任何可能遇到蜘蛛的地方。如果你恐高，你很可能就不会选择住在高层建筑的顶层，你和伴侣可供选择的住宅将是有限的，从某种意义上说，这是受到了你的恐惧的局限。

和患有惊恐障碍的人不同，你可能不会对恐惧刺激多做考虑。除非你正面遇到，否则你的头脑中不会滑过一丝一毫对恐惧刺激的担心。因此，与其他焦虑症不同的是，特定恐惧症通常不会无孔不入地影响人们的生活。然而，它们仍然会对亲密关系产生相当大的影响。限制自己的生活范围，避免遭遇恐惧刺激是一回事，可是伴侣的生活也跟着受限则是另外一回事了。

虽然关于特定恐惧可以列出一份很详尽的列表，常见的恐惧症类别如下：

情境（situation）。这种类型的恐惧与人工世界有关。常见的情境恐惧症包括在高速公路上开车，在桥梁或隧道中开车或步行，在电梯、飞机或其他公共交通工具的密闭空间内。

自然环境（natural environment）。这类恐惧涉及在自然中可能遇到的情况（但不包括对动物或昆虫的恐惧）。这个类别最常见的恐惧包括对暴风雨的恐惧、怕水和恐高等。

动物（animal）。这类恐惧包括对动物王国中的某种动物的强烈恐惧。动物恐惧症的常见类型是害怕蛇、蜘蛛和其他昆虫等。焦虑症专家大卫·巴洛（David Barlow）指出，这些恐惧症很多都与基因或进化有关。

血液、注射或受伤（blood, injection, or injury）。这一类型包括三种特定的恐惧症。血液恐惧症是指对血液或出血有一种强烈的恐惧；注射恐惧、害怕针，包括接受注射甚至目睹注射都会感到恐惧；受伤恐惧症，是指一种持续的极度恐惧，或者是看到身体受伤会感到恐惧。血液、注射或受伤是最常见的一类恐惧症。这也是唯一一种发作时血压会降低的恐惧症，而且可能会因此而昏厥（一般来说，其他的恐惧症和焦虑障碍通常会使血压升高）。对此，研究人员同样认为，这种血压下降的情况，也是出于遗传因素（出处同上）。

社交焦虑障碍

如果你患有社交焦虑障碍（social anxiety disorder, SAD），那么你很可能非常害怕被人看到、批评或者品头论足。对一些人来说，这种恐惧只会在特定情况下发生，比如在公共场合演讲或者其他类型的表演中，这就是众所周知的特殊社交焦虑障碍。然而，对另一些人来说，这种恐惧在更广泛的社会环境中都会存在。在这种情况下，就可以诊断为广泛的社交焦虑障碍。

与广泛的社交焦虑障碍相关的恐惧会导致你的社交活动非常受限，大大缩短你的职业或学术生涯。你可能会害怕参加聚会，害怕参与课堂讨论，或者也害怕出席员工会议。你可能会提前数天或数周就对那些即将发生的情况或事件感到担惊受怕，或者你甚至想要逃避。你的社交焦虑可能会影响你的职业选择，或者影响你做出继续或放弃高等教育的决定。在某些情况下，患有严重的广泛社交焦虑障碍的人害怕接电话，不愿在别人面前吃东西或者写字，或者会避免使用公共洗手间。

在连续几个月都避免与朋友和家人出去吃饭之后，吉姆（Jim）终于向他的女朋友艾米（Amy）承认，在社交场合他感到非常不自在。他尤其难以忍受大范围的社交聚会，因为在那种场合他不得不与其他人进行互动。正是因为这个原因，吉姆通过网络获得了本科和硕士学位。

吉姆告诉艾米："这并不是说我不喜欢与人接触，我喜欢和你在一起，和家人或者非常亲密的朋友在一起也没问题。但如果在我周围有很多你的朋友或者同事，我就受不了了。我的脸会发红，开始出汗，每个人都可以看到我很焦虑，这让我感到万分窘迫。我知道他们会注意到我，所以我通常会确保尽快离开或者避免坐在第一排。每次我要出席一个场合时，就像参加你表哥的婚礼，我会在洗手间里消磨大部分时间。这是唯一可以使我保有一些隐私和冷静下来的地方。我不想让你认为我不喜欢你的家人或者朋友。只是，除非这件事是我绝对必须要参与的，否则最好就别让我去。"

社交焦虑障碍的相关生理症状包括置身于你所害怕的社交场合时会感到心悸、晕厥、脸红和大汗淋漓等。不幸的是，由恐惧带来的身体上的痛苦又产生了另一个避免社交场合的理由：担心别人会注意到你的身体有痛苦的迹象，并对你做出负面评价。出于对评判和审视的恐惧，普通的社交焦虑障碍患者会不愿去寻求咨询师的帮助来解决恐惧障碍。

总的来说，社交焦虑障碍的特点包括以下方面：

- 非常害怕被他人看到和评判。
- 生理症状：心跳加速、感觉虚弱或眩晕（但不是真的晕倒），感到燥热或脸红，猛然出汗（其实室温并不高，也并没有剧烈活动）。
- 避免出席社交场合，害怕被人评头论足或者仔细审视。
- 二者中的某一个：一种是特定恐惧，只发生在特定的社交场合，比如当众演讲；一种则是广泛恐惧，发生在更广泛的社交背景下。

强迫症

在过去的十年中，由于强迫症患者（obsessive-compulsive disorder，OCD）经常在热门电影和电视节目中出现，使强迫症开始高频进入大众视野，为人所知。它也同样受到广泛讨论，强迫症患者甚至参与电视真人秀节目。你可能已经熟悉这样一些人，他们是如此害怕细菌传染，所以他们一遍遍地洗手，在公共场合一年四季都戴手套，或者是随身携带洗手液。或者你可能也见过有人不停地重复一些有仪式感的动作，比如反复地开门、锁门 [可参考杰克·尼科尔森（Jack Nicholson）在电影《猫屎先生》（*As Good As It Gets*）中的人物性格]。所有这些行为都属于强迫症的范畴。

如果你有强迫症，你就会对某个特定的主题产生一种持续、反复的想法（强迫观念），比如害怕细菌污染等。要平息这些恐惧的话，你通常需要发展出一个仪式或者程式（强迫行为），以打消这种强迫性想法所带来的焦虑。强迫性仪式包含一些重复短语或任务、囤积物品，或者强制性地摆放物品，以求完全对称或一致。比如，爱玛（Emma）在得知同事叫她"破纪录"之后就来进行治疗，因为她说话时，经常都试图重复最后三四个单词，就像她自己说的"要说得恰如其分"。在知道自己的绰号之后，爱玛试图改掉这一习惯，但没有成功。她告诉治疗师："如果我不说出那个正确的单词，我就无法冷静下来。什么时候我说对了，才能全身放松下来；如果我不试着找到那个单词，我就无法继续下一步工作。"

罗伯特（Robert）则表现为强迫症的另一种形式。他决定开始治疗是因为他无法扔掉任何东西，他的男友曾多次恳求他扔掉堆积如山的信件、报纸、账单和收据，这些东西在地板和家具上堆得到处都是。罗伯特说他会试着整理，但是并未成功，相反这些东西只是在不停增加。最后他的男友失望地离开了他。

"他说他不能忍受和连表面秩序都无法维持的人生活在一

起，"罗伯特告诉他的治疗师，"我希望他能明白，我需要我的文件保持原样，这对我来说就是保持表面秩序。我不能有任何其他方式，但我也不想余生独自度过。"

不管你是像罗伯特一样的囤积者，还是有其他特定的强迫观念和强迫行为，如果你患有强迫症，你就会觉得一旦强迫观念发作的时候，你必须要有一些特定的仪式和行为。或者你的仪式可能需要避免那些会引发强迫症的情况或者物体。

以下是强迫症的强迫观念和强迫行为的一个总结：

强迫观念（obsessions）。这些都是集中于一个或两个主题上的持久的、侵入性的思想，如害怕被传染或者害怕即将到来的灾难。

强迫行为（compulsions）。这些仪式能够缓解强迫观念带来的焦虑。然而，一小部分有强迫症的人并没有任何特定的仪式，也会体验到这种强迫性思维。常见症状包括：

- 排序（ordering）：在家里、工作场所、车里乃至电脑桌面，所有的物品都要按特定的位置摆放。
- 反复检查（checking）：为了安全感反复检查各种事物，例如，强迫性地检查以确保炉子已经关闭，门已上锁，或者橱柜的门关上了。通常包括反复开关某个电器或者反复地开门和关门等。
- 洁癖（sanitizing）：采取某种仪式来消灭细菌的存在或避免接触它们，比如经常用洗手液洗手或戴手套，以尽量减少双手与细菌接触。

- 反复重复（repeating）：反复重复一些短语或者动作，直到你觉得"正确"为止，比如说一遍又一遍阅读同一段落，或者反复重写一封电子邮件。
- 囤积（hoarding）：无法丢弃家里或办公室里的物品，比如邮件、杂志、收据等，担心你将来可能还会用到，这也包括购买大量类似的东西。这些囤积的东西往往会变得庞乱芜杂，成堆地占据家具和地板很大一部分空间。

创伤后应激障碍

创伤后应激障碍（post-traumatic stress disorder，PTSD）与其他类型的焦虑症不同，后者未必形成于一个特定事件或情境，而前者是由于创伤引起的。创伤是指在任何一种情况下，你或你所关心的某个人遭受到了巨大危险，从而体会到强烈的恐惧和无助感。创伤的典型案例是暴力犯罪的受害者，比如抢劫或强奸、童年时期的乱伦经历、遭遇车祸或自然灾害、经历过战争的士兵或平民。不被公认的创伤还包括犯罪、事故或自然灾害的目击者，以及获悉爱人死亡或受到伤害的消息等。

正如你所看到的，各式各样的创伤事件都能导致创伤后应激障碍。然而，经历过创伤并不一定意味着你就会患上创伤后应激障碍。这是因为创伤体验是主观的。对于一个相同的事件，没有哪两个人的感受是完全相同的。例如，2001年9月11日在双子塔遭到袭击时，身处曼哈顿的那些人经历了同样的事件，然而并不是每个人都会患上创伤后应激障碍。同样，那些观看了媒体对事件的报道或在那里失去了亲人的人中，也只有一部分患上了创伤后应激障碍。

虽然我们不知道为什么有些人会这样，但是我们却知道这些症状足以让人日渐衰弱。拉里（Larry）就是这种情况，他是一位税务律师——他无法从一年前的车祸阴影中摆脱出来，每天都备受煎熬。

"每天都有车祸发生，大家都漠然置之，继续自己的生活，"拉里告诉治疗师，"我不明白为什么我却不行。我的锁骨被撞断了，但是六个月前就已经痊愈了。我身体的其他部位似乎变得更糟，而不是更好。以前，在早晨去上班的路上，我会非常享受这一段时光：我会听听收音机，喝喝咖啡，享受在工作开始前属于自己的几分钟时间。

"现在我不得不强打精神早上开车上班。几乎每次在经过十字路口的时候，我都会感到紧张。甚至即使我眼角的余光看到另一辆车微弱的影子时，我都会吓一跳。当我试着打开收音机，我的心脏开始狂跳，所以现在我开车时会保持安静。而且我无论如何也不能开车经过那个发生车祸的十字路口，为了避开它我必须绕道四个街区。"

躲避任何能让人想起最初的创伤事件的事物——比如拉里被撞车的那个十字路口、他听的广播节目——就是创伤后应激障碍的一个特点。过度警觉（hypervigilance）则是另一个特点，正如拉里开车时的过激反应和他在路上的紧张状态一样。无法集中精力、睡眠中断、情感麻木和闪回（flashbacks）是创伤后应激障碍的其他表现。这些情况在拉里后续的故事中都表现得非常明显：

"我的工作效率一直在下滑，"拉里低头看着地板，很平静地说，"我粗心大意，一直在犯错误，就好像我的大脑不在状态一样。我认为部分原因可以归咎于我没有得到充足睡眠，我每个晚上至少有三四次会从惊悸中醒来。当我终于入睡后又不停地做梦，梦见车祸的场景。医生说我的锁骨完全愈合了，但是我当时被撞击的那侧肩膀，还是感觉很痛。我妻子说她想念我的笑声，我看上去像换了个人。她是对的，我已经不是车祸前的那个人了。"

正如拉里的情况一样，对于创伤后应激障碍患者来说，创伤的影响可以在几个月甚至几年内都一直在心头萦绕。对创伤后应激障碍患者的伴侣来说，在面对亲人的痛苦时，他们经常会感到无助；事实上，在很多方面，他们都是这样。虽然伴侣可以给予你关怀和同情，这样会促进你痊愈的过程，但是他们却无法改善你的种种症状。他们对创伤所带来的影响感到无能为力，为自己无法为你提供帮助而感到内疚。正如拉里和他的妻子发现的那样，对于创伤后应激障碍来说，时间并不能治愈所有创伤。

总的来说，创伤后应激障碍相关症状和迹象如下：

- 回避与创伤事件相关的地点、所见、所闻、人物和情境等。
- 过度警觉，身体依然处于高度戒备状态。这往往导致过激反应，总是紧张不安，睡眠周期紊乱。
- 难以集中注意力。
- 情感麻木。
- 闪回。对创伤性事件产生侵入性的记忆或噩梦。它们会以图像或"放电影"的形式闯入意识中，也可以表现为在事件中产生的生理感觉。这些被称为身体记忆。拉里肩膀的疼痛就是一个身体记忆。

现在既然你已经熟悉了焦虑症的各种类型，下面的练习可以帮你更深刻地了解焦虑症影响生活的各种情形。你从这些练习中获得的自我认知会为你接下来的疗愈过程做好铺垫。

自我评估练习

以下这两份调查问卷将会帮你认识焦虑在何种程度上影响着你的生活和亲密关系。练习 1-1 "焦虑的自我评估方法"，重点关注焦虑是如何影响你自己的生活的；练习 1-2 "评估焦虑对亲密关系产生的影响"，着眼于你的压力和焦虑反应是如何影响你的配偶或伴侣的。

这两份调查问卷都无意于提供一种诊断方法。相反，最好把它们看作是焦虑的一般指标，它们会帮你评判一下自己痛苦的程度，以及焦虑在何种程度上给你的配偶或伴侣造成了影响。

你还可以利用这些测试来决定是否需要去寻求心理健康专家的帮助，以便对你的情况做出更精准的诊断，并提供有效治疗方案。

练习 1-1

焦虑的自我评估方法

这个练习可以使你对自己的焦虑体验和压力反应的频率做出评估。对于每一个陈述，选择最真实的反应。在你思考语句的时候，要避免自我评判，这一点很重要，如实反映自己大部分时间的真实感觉吧。注意，所有陈述的多个选项并非完全一样，所以你要仔细阅读，找出可能选项。

1. 我感到紧张或惴惴不安。

　　a. 很少或从不

　　b. 有时

　　c. 经常

　　d. 很多时候是

2. 我预计并且担心未来可能会出错。

    a. 很少或从不

    b. 有时

    c. 经常

    d. 很多时候是

3. 我是个随和的人。

    a. 很多时候是

    b. 经常

    c. 有时

    d. 很少或从不

4. 我早上醒来时都会感到担心。

    a. 很少或从不

    b. 有时

    c. 经常

    d. 很多时候是

5. 我会竭尽全力避开那些会让我忧虑的情境或地点。

    a. 很少或从不

    b. 有时

    c. 经常

    d. 很多时候是

6. 晚上我很容易入睡，并且可以整晚安眠。

    a. 很多时候是

    b. 经常

c. 有时

d. 很少或从不

7. 我感觉到一波又一波突然出现的惊恐。

　　a. 很少或从不

　　b. 有时

　　c. 经常

　　d. 很多时候是

8. 我感到轻松和自在。

　　a. 很多时候是

　　b. 经常

　　c. 有时

　　d. 很少或从不

9. 我觉得似乎有灾难即将发生。

　　a. 很少或从不

　　b. 有时

　　c. 经常

　　d. 很多时候是

10. 我莫名其妙就会感到胃部有强烈的不适感，头痛或者是各种肌肉痛。

　　a. 很少或从不

　　b. 有时

　　c. 经常

　　d. 很多时候是

11. 我感到一阵惊恐，我担心下一次不知道会在何时何地发生。

　　a. 很少或从不

　　b. 有时

　　c. 经常

　　d. 很多时候是

12. 我对某个特定对象或情况（如蜘蛛、恐高或者晕血）感到强烈的恐惧，总会竭尽全力避免和该物体或情况进行接触。

　　a. 很少或从不

　　b. 有时

　　c. 经常

　　d. 很多时候是

13. 我担心被人品评，并尽量避免发生这种情况。

　　a. 很少或从不

　　b. 有时

　　c. 经常

　　d. 很多时候是

14. 我的思想会情不自禁地集中在一个或几个主题上（比如害怕感染细菌或者事情会出故障）。

　　a. 很少或从不

　　b. 有时

　　c. 经常

　　d. 很多时候是

15. 我对过去的创伤会有持久的、侵入式的回忆。

a. 很少或从不

b. 有时

c. 经常

d. 很多时候是

为自我评估打分

再次强调一遍，对有些问题来说，反应的顺序有所不同。从第1题到第6题，如果你有一个题目或者多个题目选择了"c"或选择了"d"；对于7到15题，如果你至少有一次选了"b""c"或者"d"，那么焦虑很可能会在很大程度上影响着你的生活。下一章会提到的"暂停法"可以帮助你更好地调节或者管理你的焦虑。利用这种方法，你可以学会控制自己的焦虑，而不是让它控制你。

如果从第1题到第6题，你选择了"a"或"b"；7到15题，你选择了"a"，那么焦虑对你的生活虽也有影响，但是不大。第二章提到的"暂停法"会对你大有裨益。不管你的焦虑水平如何，你都可以通过"暂停法"认识到自己的情绪水平，并且相应地进行情绪调节；而这终将会变成你的个人生活和职业生活的一笔财富。即使你的自我测评分数表明你的日常焦虑水平并不高，每天在你感到生气或愤怒的时候，也可以选择使用"暂停法"。这样做不仅使你感到放松，而且能促进你与伴侣之间的沟通，改善你们的关系。同样，第三章中提供的创立和保持每天放松的日常方法，也会显著提升你在当下保持平静和放松的能力。

练习 1-2

评估焦虑对亲密关系的影响

本项评估的重点在于你和伴侣之间的互动，这样你可以评价特定的互动会怎样影响你的连接感。对于每一个陈述，选择最真实的反应。在你思考语句的时候，要避免自我评判，这一点很重要；就让选项如实反映你大部分时间对于亲密关系的真实感觉吧。

1. 每当我表达恐惧或担心时，我的伴侣会提出合乎逻辑的解决方案。

    a. 很少或从不

    b. 有时

    c. 经常

    d. 很多时候是

2. 我觉得我的伴侣并不"理解"我正在经历的痛苦。

    a. 很少或从不

    b. 有时

    c. 经常

    d. 很多时候是

3. 每次我感到焦虑去向伴侣寻求支持的时候，结果我总会觉得沮丧、无人倾听，或者遭到误解。

    a. 很少或从不

    b. 有时

c. 经常

d. 很多时候是

4. 我觉得在我最需要他／她的时候，他／她并没有在我身边。

a. 很少或从不

b. 有时

c. 经常

d. 很多时候是

5. 每当我沮丧和焦虑的时候，我的伴侣似乎都会对我生气或因此而感到沮丧。

a. 很少或从不

b. 有时

c. 经常

d. 很多时候是

6. 在我感到担心、紧张或者害怕的时候，我的伴侣也会感到压力和紧张。

a. 很少或从不

b. 有时

c. 经常

d. 很多时候是

7. 好像每次我心烦意乱的时候，我的伴侣就会从我身边离开。

a. 很少或从不

b. 有时

c. 经常

d. 很多时候是

8. 在参加对我的伴侣来说是很重要的活动时，我会感到害怕或者不舒服。

a. 很少或从不

b. 有时

c. 经常

d. 很多时候是

9. 我觉得我的伴侣会因为我没有更理性和更明智而批评我。

a. 很少或从不

b. 有时

c. 经常

d. 很多时候是

10. 我觉得我的伴侣会认为我呆板、固执，不愿意面对我的恐惧。

a. 很少或从不

b. 有时

c. 经常

d. 很多时候是

11. 我会批评我的伴侣没有足够的同理心。

a. 很少或从不

b. 有时

c. 经常

d. 很多时候是

12. 我讨厌我的伴侣，因为他 / 她不能理解我。

    a. 很少或从不

    b. 有时

    c. 经常

    d. 很多时候是

13. 我讨厌我的伴侣，因为他 / 她不能对我的需要做出适当的反应。

    a. 很少或从不

    b. 有时

    c. 经常

    d. 很多时候是

14. 我经常认为我的伴侣讨厌我，因为我经常会表达自己的担忧、恐惧和忧虑。

    a. 很少或从不

    b. 有时

    c. 经常

    d. 很多时候是

15. 我认为我的伴侣会因为我的忧虑而对我进行过分保护。

    a. 很少或从不

    b. 有时

    c. 经常

    d. 很多时候是

16. 我认为在面对那些会加重我的焦虑的事情上，我的伴侣会承担超出他/她分内的责任来保护我。

   a. 很少或从不

   b. 有时

   c. 经常

   d. 很多时候是

17. 我担心我过于依赖我的伴侣。

   a. 很少或从不

   b. 有时

   c. 经常

   d. 很多时候是

18. 我担心我给我的伴侣带来的负担过重。

   a. 很少或从不

   b. 有时

   c. 经常

   d. 很多时候是

得分评估

如果你至少有两个问题选择"c"或"d"，你的焦虑很有可能会极大地影响你们的关系。在任何关系中，连接偶尔出现沟通问题、误解、愤怒和裂痕都是不可避免的。然而，当过度焦虑参与其中时，这些生活中的波折就会频频发生，紧张感会加剧，你的连接以及伙伴关系（这是你们亲密关系的基础）就会失衡。第一部分中的其他章节将帮你控制焦虑水平，降低它们对你们亲密关系造成的影响。在本书的最后两个部分，你将获得新的知识和技巧，它们将帮你与伴侣构建新的沟通和联系方式，你可以得到更强烈的连接感和陪伴感。

如果你只选择了"a"和"b"，就说明你的焦虑水平并没有给你们交流的质量造成显著影响。话虽这么说，一段关系中总有可以提升和改进的空间。本书中剩下的部分将提供一些减少焦虑的技巧和沟通实践，它们会教你一些宝贵的技能，来提升亲密关系中的连接感和满足感。

总结

对于这本书的所有读者来说，接下来的内容会提升你调节情绪的能力，改善你的沟通技巧，改变你的亲密关系的体验。这些都是构建一种成功的亲密关系不可或缺的、强大的建筑材料。然而，在这个过程的开始，你需要同自己建立一种牢不可破的关系。

在接下来的两章里，你会学到并且运用减少焦虑的方法；你会发现，那些被焦虑剥夺的幸福感和心理赋能（empowerment）又重新回到了自己身上。你还会发现，一旦你能够自由地担负起自己的责任，就能不断发展和提升你和伴侣之间的关系。既然现在你已经清楚了自身的焦虑，也了解了焦虑对你们的亲密关系所产生的影响，就该采取行动了。

第 2 章

掌控自己的情绪有多重要

如果关系中的一方能够清楚地了解自己的情绪触发点，同时也清楚这种情绪波动给亲密关系带来的影响，那么他/她就有能力打破自己的习惯性情绪反应，及时阻止负面情绪的爆发和伤害的蔓延。

现在你对焦虑在生活中的种种情形已经了然于心，也明白了它对你的亲密关系所带来的影响，因此一旦焦虑发作，你现在就能更好地予以应对。有人说，知识就是力量。然而，没有行动力的知识不足以打破根深蒂固的、习惯性的反应。正如神经学家约瑟夫·勒杜（Joseph LeDoux）所指出的那样，大脑的构造错综复杂，我们更容易受制于易泛滥的情感，而不是诉诸理性。如果你大脑中基于感性的部分和基于逻辑的部分大吵一架的话，那么基于感性结构的部分会胜出：就好像是基于感性的部分在用扩音器喊话，而基于逻辑的部分却只能用一个廉价的麦克风来传达理性的声音。这样就会造成一个不幸的结果：情绪会发出强有力的、洪亮的、清晰的声音，而理性虽然也在场，但是却在背景中并无作用。

　　这就是为什么在焦虑来袭时，人很容易被汹涌而来的、可怕的情绪所吞没，它们强大到单靠知识和理性不足以与之抗衡。所以，你必须要运用一系列的方法来创造一个公平竞争的环境，以便平复你的焦虑，使你能够从一个更为平衡的理性和逻辑的观点来面对压力。心理咨询师将这一技能称为自律（self-regulation）。要想实现这一点，这一章所教授的"暂停法"非常有效。它可以在焦虑来袭时平复心情，并且能够防止焦虑引发你和伴侣之间的紧张和冲突。而这一技巧，是本书中提及的所有其他方法和技巧的基础。关于"暂停法"的重要性，则怎么强调也不为过。

成年人的"暂停法"：奠定基础

"暂停法"包括三个步骤：第一步，认识到自己受到刺激，焦虑发作；第二步，启动暂停；第三步，制定自我安抚技巧。你还可以把"暂停法"同通常用来应对小孩子的规训技巧（disciplinary technique）结合在一起，在他们不知所措、垂头丧气或者不受控制的时候使用。虽然"暂停法"对小孩子来说很有好处，但是孩子们却不喜欢它。相比之下，你会发现你所运用的"暂停法"是你送给自己和伴侣的一份礼物。与处罚不同，"暂停法"提供了一种方式，使你可以从触发焦虑的情形中抽离出来，得以控制自己的反应。它除了是一个有效的管理自身焦虑的方法，对你的关系也有所助益。在面对挫折和感知到的威胁时，你所做的习惯性的、下意识的反应，通常会阻碍连接感和有效的沟通。"暂停法"能够使你将被焦虑加剧的互动搁置一旁，直到你的焦虑有所缓解，并能站在一个更为客观的视角来看待问题为止。一旦你的焦虑有所减少，你就可以重新与伴侣展开更为平衡的互动。

暴风雨来临之前：认识到自己何时会一触即发

就像每次乌云密布时洪水都会爆发一样，每次的焦虑反应也都始于日益加剧的紧张和恐惧。你没有意识到焦虑正日益加重，所以你会觉得焦虑仿佛是突然发作的。对许多人来说，尤其是对患有惊恐障碍和创伤后应激障碍的人来说，似乎焦虑水平可以在短短几秒钟之内就排山倒海一般涌来，事先没有任何预兆。然而，如果稍有常识，并加以关注和实践，你就可以学会在乌云压顶之际保持警惕，并采取预防措施。

如何对未来的风暴加以预测？首先需要确定你的红旗（red flags），也就是指示你的焦虑水平在上升、情绪即将爆发的指标。触发点（trigger）通常是以思维、想法（认知）、情绪和身体的感觉等形式出现的，所有这些形式下面都会提到。理解它们将帮助你确定自己焦虑指标的合集。

认知指标

不管我们是否焦虑，每一天我们每个人头脑中都会充斥着无数的看法，连续不断。不管我们是在做琐碎的事情，还是完成工作任务，又或者我们在同伴侣和朋友聊天的时候，它们都会跳出来，进行争辩。比如说，在杂货店购物时，我们有意在苹果堆里挑挑拣拣，选择购买哪个牌子的饼干或者在哪个收银台排队付款：嗯，这个苹果有损伤，我还是把它放回去吧。上次我买了这个牌子的饼干，但是拉斯（Russ）不喜欢，我今天选这种，看看他喜不喜欢。我今天实在没心情排长队，还是自助结账吧，这样通常会快些……哇喔，看看那本杂志的封面上是谁……

如果稍加注意，你就会发现在焦虑水平上升时，这些评论会对你加以提醒。

当心这些会伴随焦虑升级的普通想法：

• 我受不了这个。

- 我要疯了。

- 这将是一场灾难。

- 我无法面对这些。

- 事情多得处理不完。

- 我无法完成所有工作。

- 我正在失去控制。

- 我觉得无助。

- 为什么我的伴侣不理解我?

- 为什么我的伴侣不知道我需要什么?

情绪指标

情绪是一种感情丰富的体验,它可以有力地塑造我们每一刻的经验。除了紧张和惊恐是显而易见的与情绪相关的焦虑,焦虑上升的情绪指标还有很多。在你阅读下面的列表时,保持一个开放的心态,对其中的每一种情绪,都花一些时间来回忆一下你当时的体验。允许少许这每一种感觉都能温和地浮现,看看你通常是否会将它与你的焦虑体验联系在一起。

愤怒	不耐烦	怨恨
绝望	不足	悲伤
疲惫	易怒	羞愧
失败	紧张	恐怖
恐惧	崩溃	
挫折	惊恐	

生理指标

焦虑的生理指标是交感神经系统（sympathetic nervous system）和副交感神经系统（parasympathetic nervous system）交互作用的结果。你可以把交感神经系统想象成神经系统的油门，加速你的引擎，这样你就可以保护自己。当面对一个可怕的刺激时，身体会感知到威胁，交感神经系统会紧急动员身体各器官，进入"战或逃"的模式。你的心跳会加快，流到四肢的血液减少并被转移到器官和肌肉上，动员你自卫或逃跑。其实，大多时候感到不舒服，甚至是惶惶不安的生理感觉，都是缘于交感神经系统开始采取行动来保护你从危险情境中脱身。或者，在某些情况下，交感神经系统和副交感神经系统同时反应（可能身体开始僵滞，这是焦虑可能引发的第三种反应），这个并行加速可以引发如头晕或肌无力等感觉，并且在创伤后应激障碍患者身上尤其常见。

在理想状态下，交感神经系统被激活后，副交感神经系统就开始工作，力图使激动的交感神经系统恢复平静，使身体保持安静，并化解焦虑反应。副交感神经系统被认为是自主神经系统（autonomic nervous system）的抑制系统。为了有效管理你的焦虑，副交感神经和交感神经的兴奋要在自主神经系统内进行完善的相互作用。下面的练习中介绍的"暂停法"将帮助你利用副交感神经系统，给你渐次攀升的焦虑情绪刹一下车。换句话说，当你学会运用本书中提到的方法更好地管理自己的焦虑时，你会告诉你的身体缓缓地推动副交感神经系统采取行动，以减少交感神经系统的加速。

了解压力反应的身体标记是防止焦虑进一步升级的第一道防线。下面列出的是自主神经系统激活（activation）的常见的生理指标：

- 头晕眼花
- 头晕目眩
- 颤抖
- 心跳加快
- 恶心
- 胃痛或胃部痉挛
- 胃部不适
- 潮热出汗
- 冷汗淋漓
- 手脚刺痛
- 手脚冰冷汗湿
- 肌肉无力
- 肌肉紧张或手臂、腿、胸部、肩膀发紧

练习 2-1

意识到自己焦虑的发作

在此练习中，你需要回想一个最近的焦虑体验，来确认自己独特的认知、情绪和生理指标的集合。对于这个练习，你需要留出

10 或 15 分钟，找个安静的地方，保证自己不会受到打扰。审视一下之前提到的过度反应（overreaction）的认知、情绪和生理指标，可以帮助你更容易识别出练习中的焦虑指标。你也可以把这本书放在手边，翻到这一部分，这样就可以在做完练习之后再次研读这些指标列表。你还要准备好纸和笔，这样你就可以在练习的最后记下自己的触发点。趁着这些体验还未被忘却，把它们在纸上写下来，这是一个很好的记忆辅助手段，并且也可以创建一个触发点的列表，以备自己随时查阅。

你开始确定的触发点可以是下意识的反应，比如肌肉紧张，甚至还在你意识到的情况下发生过。既然你正在学习如何识别反应过度的征兆，把这个列表放在手边会很有帮助。我们建议你把它放在钱包或手袋里，这样在你觉得焦虑或紧张的时候，就可以很方便地拿出来，快速浏览一下这些触发点。如果你发现自己正在体验该清单上的某项指标的话，那就是时候启动"暂停法"了。

完成这个练习可以有好几种方法。你可以把它通读几遍熟悉一下内容，然后自行回忆一下，你可以对回忆内容做一个录音，一边听录音一边做练习。或者你可以请一位朋友或一位治疗师为你阅读，然后你边听边按指示做练习。选择最适合你的方法就好了。一旦做好准备，就开始吧。

回想一个让你感到非常焦虑的片段。在记忆中追溯你感到恐惧或担忧的时段，你被这些情绪击垮，感到非常不舒服、痛苦或不安。一旦你回忆起最近一次感到焦虑的体验，不妨花些时间让自己重温一下当时的想法和感受。当时你手上和脸上的皮肤分别有什么感觉？你的肩膀、你的身体、你的双腿和双脚又有什么感觉？在你脑海中闪现的想法是什么？你对自己说了些什么？你觉得有什么情绪体验？你是和其他人在一起，还是自己一个人？你是在室内还是在室外？你是身在嘈杂的公共场所还是在安静的家里？

带着这些想法和身体感觉静静地坐着，在你坐着回忆的时候，让这些情绪、思想和感觉再次涌现吧，你可以重新体验一下它们，就在现在。开始感受它们，让这些感觉重新涌现，变得更加激烈——但是自始至终你都清楚，你当下正安全地坐着，你可以任意选择增加或减少这些感觉和情绪，一切都在你的掌控之中。

在你诱导这些感觉变得越来越强烈的时候，你要明白，这些熟悉的、令人不适的情绪和感觉在此刻出现可以帮到你：重新体验这些，在安静的房间里安全地坐着，可以帮助你学习在未来如何更好地识别和平息它们。

你能确定过去这种情况，你在想什么吗？当你再次感到焦虑的时候，你脑海中闪现的单词或短语是什么？随着这些念头出现的是什么感受呢？你能确定出伴随着这种体验的感觉或情绪吗？慢慢想一下，厘清你感受到的每个情绪的意义，并给它们都做一标记。

现在把注意力转到你的身体上。身体是心灵的文件柜。在你觉得紧张、不适或者"有病"的时候，你的身体的哪个部位有所反应？是你的胃、下巴、肩膀还是眼睛呢？

现在既然你已经明晰了这些伴随着焦虑出现的思想、感情和生理感觉等，不妨把控制感觉的弦稍稍放松一些……平稳地降低它的强度，一点一点地，在你的状态完全重返当下的时候，允许那种平静、安宁和放松的感觉从你胸部中央一直向下流淌到你的指尖和脚趾，向上流到你的头顶，但是你的双脚仍然稳稳地站在地上。现在，你已经从过去的回忆中完全摆脱出来回到了当下，你也已然意识到，带着新的知识简短地回望一下过去能够帮助你战胜未来的担忧和焦虑，这会让你感觉良好。

在暴风雨中找到一个港口：启动暂停法

一旦你能够识别到自己焦虑反应的认知、情绪和生理指标，你就可以在焦虑情绪升级之前很好地处理它。现在可以通过"暂停法"消除焦虑，化解与伴侣之间的潜在冲突，从而不再受其摆布。为了最大程度地发挥"暂停法"的效用，做好准备非常重要。这样一来，在关键时刻，你就可以完全专注于缓解焦虑。在做准备的时候，你需要为在家里实施"暂停法"找出一个空间，根据需要把你的计划告诉伴侣，并且确立一个双方都需要遵循的实施步骤。

选取一个物理空间

无论你是在家里、在工作中还是在公共场所，在你需要采取"暂停法"的时候选择一个空间很重要。通常在家里建立这样一个空间最为容易，因为你通常可以最大程度地控制周围的环境，尽最大可能地保护隐私。许多人选择卧室、客房或者是小型的家庭办公室。如果可能的话，我们建议在你启动"暂停法"的时候，尽量避开伴侣或者孩子们常常进出的地方。如果你生活在一个气候温和的地方，你可以考虑一下室外空间或者后院，只要是宁静、舒适，能够确保隐私，并且白天夜间都可以使用。

选择好位置之后，可以采取一些额外的步骤来创建一个舒缓的、放松的环境。有些人喜欢光线柔和、灯光幽暗的地方，也有人喜欢用蜡烛。你可以播放一些舒缓的背景音乐。一定要拔掉电话线或关上手机，这样你就不会被打断。无论谁打来电话都可以多等 10 或 15 分钟，等你恢复平静再说。你可以在门上挂一块"请勿打扰"的牌子。在你为实施"暂停法"创立空间的时候，你就是在向你自己和决意摆脱高度焦虑表达敬意，尊重自己。

如果你是在公共场合或在朋友家里，需要独处几分钟施行"暂停法"时，洗手间是一个可以保障隐私的场所。无论你置身何处，它通常都是可以使用的，也相对容易找到。并且去洗手间是一个很好的托词，是最便捷、最被认可的方式，无须再为临时退场多做解释。不论你是与伴侣或其他人在一起，还是独自一人，去洗手间会让你获得所需要的时间和空间。

当然，还有些时候你的隐私无法保证。比如说，你搭乘汽车或公共汽车时，我们建议你告诉同伴，你需要几分钟的暂停时间。或者，如果车上还有其他人，但是他们都不知道你的暂停程序，那你就只是要求给自己留一些时间放松一下。在暂停期间，你可以安静地坐在座位上，完成所有的放松技巧。

如果你是司机，并且身边有伴侣或其他人，你可以简单告诉他们，接下来的路上，你只想听收音机或 CD 而不想说话。既然在驾驶的时候无法完成放松技巧，在这期间，一定要避免那些会加重你的焦虑或引发冲突的互动。因为通常在一辆车内，大家可以听音乐而不必聊天，这是普遍认可的社交方式，从而可以给自己一些心理空间，而无须告知别人你的暂停程序。如果你的伴侣和你同在车里，你可以告诉对方，你需要一次暂停，一旦你们到了目的地，你就要立刻启动实施步骤。在此期间，你可以要求你们两听一下舒缓的背景音乐，在到达目的地之后，你可以把所需要的时间和空间都投入到"暂停法"中去。

如果你的伴侣仍在近旁，你的"暂停法"的成功在很大程度上取决于对方对你所有行为的尊重和理解，而对方是否能够理解又取决于你之前如何向对方解释这一行为的本质和目的。培养这方面的相互理解是根本，不管你施行的时候，对方有无在场。

向你的伴侣解释"暂停法"

"暂停法"为防止你变得越来越焦虑提供了一个救急的机会。在你与伴侣的交流陷入困境之际，它就像一个停战协议，这样你就可以暂告一段落，缓解焦虑、恢复冷静，然后可以与对方更好地交流。然而，要想最大程度地发挥其作用，至关重要的一点是，你和伴侣对实施该计划的态度要一致。在你感觉焦虑不断升级的时候，你需要解释"暂停法"的目的和对你的重要性。因为与伴侣之间的冲突会触发你的焦虑，你们还需要设立一个计划，一旦交流陷入困境就立刻启动，遵照执行，但是一定要坚持到底。

你的伴侣需要明白，"暂停法"与在愤怒、恐惧或伤害中撤退或抽离是不同的。需要把"暂停法"理解为暂时停止沟通，这样你就可以进行自我关爱，从而以一种更加平衡的方式，重新继续更好地沟通，建立连接感。确保你的伴侣理解你要采取"暂停法"来控制自己内心的焦虑体验。只有你们双方都明白这一做法不仅对你有好处，而且还有利于双方关系时，你就可以在需要的时候随心所欲地采取这一方法。

练习 2-2

与伴侣进行交流

这个练习帮你将"暂停法"这一概念介绍给伴侣，并确保你们双方都了解你将要制定的实施步骤。下面的对话范例可以指导你完成这次讨论和协作过程，不一定非要逐字使用。你可以以此为起点做出自己的解释。此外，如果你感到紧张，觉得说不出口，下面的对话可以做一个很好的示范。

1. 询问现在是否是讨论某些重要事情的好时机。

我想和你谈谈对我来说是很重要的事。你觉得现在可以吗？然后等待对方做出回答。如果答案是肯定的，那么继续下去；反之，问一下什么时间合适（如果对方心不在焉或者焦虑不安，最好再等等）。

2. 解释一下这个概念以及为什么需要"暂停法"。

我一直在学习一些方法，每当在我开始反应过度的时候，它可以帮助我缓解焦虑。一旦我注意到自己反应过度，我就会马上采取'暂停法'。它能帮助我冷静下来，自我安抚，更好地理解自己的反应。一旦我冷静下来，我就可以更理性地对待你。

3. 解释一下时间范围（time frame）和"暂停法"的地点。

可能会占用我 5 到 25 分钟，这取决于我的需求。我想用一下我们的卧室，你有没有意见？

4. 在你需要采取"暂停法"时如何沟通做一个分享。

在我需要暂停的时候，我打算说"我现在需要做个暂停"，或者我会向你发出一个信号，然后我会直接去已经选好的地点。一旦我告知你我需要暂停，我会立即停止和你对话，直接开始暂停的进程。

5. 解释一下这只是暂时停止沟通，而不是放弃或者逃避。

我希望你把它当作是沟通中的临时暂停。现在，我对你承诺，我不会用它做借口来躲避与你互动或者逃避我不想面对的事情。我只是休息和放松 10 到 15 分钟，然后我就会回来。这样可以让我平静下来，集中精力，回来之后可以更有效地与你沟通交流，避免对你我造成不必要的伤害。在我回来以后，我们可以决定什么时候继续我们的谈话最好。

（记住，要坚持暂停信号是必须的，而且暂停过程确实有助于确保你们之间的建设性的关系，而不是为了逃避与伴侣的谈话或者进行对抗。）

6. 尘埃落定。

这个计划你觉得合适吗？可行吗？你有什么改进的想法或者建议吗？我希望得到来自你的反馈，希望我们一起合作来施行这个计划。

暂停：练习自我安抚技巧

一旦你已置身选定之处，你就可以使用各种自我安抚技巧来缓解焦虑。这一章会教你六种快速而有效的方法来安抚身心，每一种都有不同的功用：

- 闭上眼睛转动眼球：快速中断反应。
- 握紧拳头：缓解肌肉紧张。
- 正方形呼吸法（four-square breathing）：用舒缓平静的呼吸安抚自己。
- 沉重的手臂，沉重的腿：创建平静的感觉。
- 温暖腹部，清凉额头：增加你的平静感。
- 快进到未来：帮助你预期放松。

这些技巧可以缓解你的焦虑，这样结束的时候你就可以回到一种冷静、平衡的状态。下一节将教你如何实践这六个练习。我们建议你按顺序依次来，但没有什么是一成不变的。为了重获平静的感觉，你可以根据自己的需要，使用尽可能多或尽可能少的步骤。同样，暂停的时间也不固定，可能短则两三分钟，长则可达 20 分钟。关键在你自己觉得恢复平衡需要多长时间。在任意一天的任何特定的时间，你所需要的时间可能会有所不同。

迅速中断一个反应

这一技巧是由临床催眠（clinical hypnosis）领域的两位领袖人物赫伯特·施皮格尔（Herbert Spiegel）和达布尼·尤因（Dabney Ewin）创立的。尽管起初施皮格尔博士只是用转动眼球来帮助评估一个人被催眠的能力，这是一个快速（不到一分钟）但是却又强有力的方法，可以帮你在进入暂停的那一刻集中注意力，防止焦虑升级。虽然你也可以睁着眼睛做，但是尤因博士还是建议你闭上眼睛为好。你要学会在与伴侣互动的时候如何转动眼球，这一点很重要（见第五章）。当然，你也可以根据自己的个人喜好，睁着眼睛或者闭着眼睛完成本章其余的练习。

练习 2-3

闭上眼睛，转动眼球

要做这个练习，在闭上眼睛之前先阅读以下四个简单步骤，并开始练习。

1. 闭上眼睛，抬头保持极力向上看的样子。

2. 现在深呼吸，保持眼睛向上。就好像你想看看你的眼睛是否可以看到眉骨的最高点。你的眼球可能会感到紧张，但是眼睑却会伴有放松的感觉，这是正常的。或者你可能只能感受到眼部肌肉的伸展。

3. 让你的眼睛保持这种状态大约 10 到 15 秒，无论是紧张还是对眼眶周围的肌肉拉伸的感觉，都欣然接受。

4. 呼气，同时眼睛放松，或许一会儿，你就会感觉到眼部的放松感觉正在蔓延到身体其他部位。

释放肌肉紧张

握紧拳头的练习是基于这样一个事实：我们的身体和头脑是情绪的载体。担心、恐惧和焦虑表现为思想、情绪和生理感觉等，比如肌肉紧张。在接下来的练习中，你可以把可视化与握紧拳头和放松拳头这一简单动作配合起来做，这样可以缓解肌肉紧张，有利于生成平静和放松的感觉。你可以在几分钟内缓解肌肉紧张，并同时释放恐惧或担心。

这一练习是承认自己的焦虑，并构建和保持张力的一个很柔和的方式，直到你的身体和心灵都已经准备好释放紧张感。事实上，这个练习利用了你的焦虑易于升级的天性，只有现在，你才能利用这种天性来放松和解脱。最后，这种技巧能使你放松肌肉，这样一来可以帮你更好地进行下一个练习——正方形呼吸法。

练习 2-4

握紧拳头

我们建议反复阅读以下步骤以熟悉程序，然后通过记忆来完成动作。

1. 聚集紧张感。

首先，想象一下你所有不舒服的感觉——像恐惧、惊恐、担心、易怒和烦躁不安等——都集中到了你的一只手上。拿出尽可能多的时间来让你所有的情绪都聚集在你身体的这一个小小的部位。

2. 集中你的注意力。

在汇集情绪的时候，将注意力都集中在手上。

3. 紧张。

在你觉得手上充满了紧张和能量时，慢慢地把手攥成拳。慢慢将拳头一点点收紧，直到再也无法更紧为止。

4. 把紧张变为液体。

现在想象一下，手上所有的压力都变为了液态，变成你自己所选的颜色。这种彩色液体代表你的痛苦、担心以及其他不舒服的情绪。在你让紧张演变成这种颜色的液体的时候，注意一下你需要付出多少努力和能量才能紧紧地握住自己的拳头。也许你的手和胳膊上的肌肉已经感觉疲惫了，也许都开始有点疼了，也许由于要坚持不断地握紧拳头，你的手或胳膊已经开始摇晃或有轻微的颤抖。

5. 放松你的拳头。

在手和胳膊的肌肉都感到疲惫以后，逐渐进入你的身体所需要的放松和松弛的状态。一定要非常缓慢，让你的手指、手掌和手腕的肌肉来减轻控制。

6. 释放紧张。

想象一下你手中的彩色液体以你认为合适的速度流到地板上。看着液体直接流到地板上，渗入地面。想象着它已经渗入到土壤深处，在某个远离你的地方得到了清洁和释放。现在，在紧张了这么长时间之后，感受有一种宁静、舒适和轻松完全渗入了你手上的每一块肌肉。你甚至可以深吸一口气，为能释放这种紧张关系松了一口气。

7. 结束。

从5倒数到1，以稍微摆手完成这个练习。在你数到1之后，让自己享受一下这种放松、振作和警醒的感觉。并且要知道在将来的任何时刻，你都可以在短短几分钟之内指示身体释放不必要的紧张。

用舒缓平静的呼吸安抚自己

就像我们心脏会跳动或者血液在血管内流淌一样，呼吸也是我们的身体每天要做的事情。因为呼吸是我们生活中基本的、持续的一部分，我们很少会去关注它。这样做是有道理的：当你路过杂货店时，在你写完一封电子邮件的时候，或者是在谈话时，想象一下如果必须关注每个人的呼气和吸气行为会怎样。如果需要有意识地关注呼吸，就很难完成任何事情，也根本无法入睡。

然而，关注和改变呼吸可以帮你快速缓解焦虑反应。在你变得焦虑时，身体的很多肌肉都会变得紧张。这包括影响膈膜和胸腔运动的肌肉，进而影响你的呼吸，所以伴随焦虑而来的肌肉张力增加往往会使得呼吸变浅，并受到限制。而这反过来会增加焦虑，因为这样一来你吸入的氧气和释放的二氧化碳都会减少，而呼气和吸气都是获得健康幸福不可或缺的。

呼吸练习让你慢慢地深呼吸，可以迅速缓解焦虑反应。因其便捷和简单，正方形呼吸法是我们最喜欢的呼吸练习之一。它所需要做的就是数到 4。你可以在暂停以及与伴侣互动时使用这个呼吸技巧（见第五章）。

练习 2-5

正方形呼吸法

选择一把椅子或沙发，你可以舒服地坐在上面，身体坐直，背挺起来，双脚平放在地面上。这个姿势可以提升你进行安静和深呼吸的能力。在你阅读完下面的步骤和建议之后，你可以凭借记忆做出来。

1. 吸气的同时数到 4（每秒钟数一次）；
2. 屏住呼吸数到 4；
3. 数到 4 再呼气；
4. 屏住呼吸数到 4。

重复这个循环。没有固定的时间限制，但是通常每次练习坚持 1 到 3 分钟是最好的。如果你数不到 4，可以从 1 数到 3。

在这个过程中可以添加一个可视化组件，这样会使得你的大脑忙碌起来，把你的注意力转移到练习上，再也无暇分心。你可以试着把下面这个图加入到你的呼吸模式中。

1. 在你吸气的同时数到 4，想象自己在画一条向上的直线，从一个虚拟的正方形的左下角一直向上延伸；

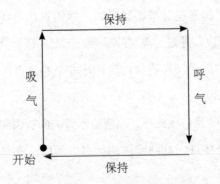

2. 屏住呼吸的同时数到4，想象自己在正方形的上方，从左到右再画一条直线；

3. 在你呼气的时候数到4，在正方形的右边画一条向下的直线；

4. 屏住呼吸数到4，在正方形的底部从右到左画一条直线。

当你开始下一个呼吸周期时，你也可以重新画一个新的正方形。

创造和增加平静

接下来的两个技巧通常可以在几分钟内持续不断地创造一个宁静的最佳状态。它们是改编自一个称为"自律训练"（autogenic training）的放松方法，这一方法的基础源自于一个认知，即你的言语和想象会影响身体对压力的反应。德国精神病学家和神经学家约翰内斯·舒尔茨（Johannes Schultz）研发了这一方法，他发现放松反应通常会伴随着特定的生理感觉，包括整个额头有清凉的感觉，四肢和腹部感到沉甸甸和温暖。这种在自律训练中产生的沉甸甸的和温暖的感觉，还会伴随着两个生理现象：入睡和"战或逃"（换句话说，也就是副交感神经系统的作用）反应消失。你可能不曾注意，但是当你准备睡觉时，你的身体会变得安静，四肢变得沉重。所以，通过"沉重的手臂，沉重的腿"这一练习，你在向身体和大脑传递一种信息：现在是安全的，可以放开那些不必要的警惕和恐惧。

在"战或逃"的反应模式下，血液被示意流向肌肉和器官，以便最有效地调动身体进入战斗或逃跑状态。例如，流向你的小腿和肱二头肌的血液会比平时多，而流向手指和脚趾的血液会变少。你的胃肠道，也包括胃在内，接收的血流量低于平均水平（在"战或逃"的反应模式下，消化并不是优先要考虑的事情）。血液流动减少往往会带来寒意。温暖的手臂和腹部会对身体发出信号，示意一切都是安全的。它们还告诉大脑，可以放下焦虑。

你可能也会注意到，在做以下这两个恢复平静的练习时，随着沉重和温暖的感觉不断上升，你的呼吸和心率会逐渐变得缓慢和正常。这就是你的副交感神经系统对你的焦虑反应有所抑制，平静有所增加的迹象。在仅仅几分钟的时间内，在你使用这种干预来平衡你的自主神经系统时，你就是从踩油门加油转向了刹车制动。

练习 2-6

沉重的手臂，沉重的腿

对于这个练习，我们建议你首先阅读一下以下步骤，然后根据回忆做出来。接下来，在安静的地方找一个舒适的位置，比如坐在椅子或沙发上。

1. 关注你的右手，想象一下它开始变得沉重。你可以想象有一个铅块在你的手中，然后对自己说三次，我的右手很沉。

2. 接下来想象这种沉重感沿着手腕一直流动过去，一直沿着手臂向上，一直到你的肩膀。然后对自己说三次，我的右胳膊很沉。

3. 现在把注意力转移到你的左手上，重复刚才的动作。然后感觉一下自己的双臂，感受一下它们的重量、它们的沉重。

4. 接下来，把注意力转移到你的腿上。想象你右边的小腿和右脚很沉，对自己说三次：我的右腿和右脚很沉。现在想象一下，在你的右边大腿上有一个30斤重的沙袋，感受一下它的重量，然后对自己说三次：我整条右腿都感觉很沉。

5. 现在重复上一个步骤，但是换成左腿和左脚。

在你完成所有程序的时候，你的身体会感到很放松，你的焦虑可以得到缓解。

练习 2-7

温暖腹部，清凉额头

这一技巧可以巩固和提升你通过之前的练习所得到的放松反应。胃部只有温暖才会变得平静，而一个平静的胃向整个身体传递的信号是：你是安全和舒适的。像前面的练习一样，这个练习会用到你的想象力和语言来创建所需的响应。

1. 首先关注你的胃部和腹部，想象它变得温暖。让你的胃变成你觉得温暖舒适时的温度。也要注意到，你的手臂和腿依然感到沉重，现在你有一个温暖、快乐的体验中心。让这些快感增加。

2.现在将注意力转移到你的额头。想象有一阵凉爽的微风轻轻地吹拂着它，或者说，如果你愿意的话，想象一个额头冷敷治疗在帮助你保持头脑冷静。对自己重复说，我的头脑很清醒，我可以用冷静的头脑清晰地考虑问题。

3.现在你可以通过轻轻地晃动胳膊和腿来结束这个练习，再次变得警觉，但身体很平静。你在这样做的时候，提醒你自己，只要你愿意，就可以回到这个平静、舒适的状态之中。

预期放松

专注未来，正如我们在第一章中讨论的那样，是应对焦虑的反应模式的核心。在接下来的练习中，你可以利用自己对于未来的关注这一天性来减少焦虑。在产生焦虑的时候，无论这种感觉多么来势汹汹，有一点是肯定的：一切都会过去。将来会有一段时间，通常是几分钟，你狂跳的心脏又复归到平静、柔软和有节奏的跳动状态。随着时间的流逝，分分秒秒，时时刻刻，你的忧思也会烟消云散。如果你沉溺在恐惧和担心之中，最好记住这一点：这种折磨人的感觉持续的时间是有限的，随着时间的推移，它终会消失殆尽。

练习 2-8

快进到未来

在你充满焦虑的时候，你触目所及之处常常皆是恐惧。这个简单的快进技巧可以提示你退后一步，保证你虽然目前正处于恐惧之中，但是很快就会恢复。

如果你按之前所建议的，在暂停的过程中依次完成这些练习，那么等到你做这个练习的时候，借助之前三个恢复平静的技巧，你的焦虑可能已经明显减弱。我们发现，在结束暂停之前，这最后的放松练习对你尤其会有助益。正如在前面的练习中一样，你可以阅读一下以下的步骤和建议，然后根据回忆完成所有步骤。

1. 首先花一点时间，来厘清时间的线性发展进程：从头到尾见证一天的进程。

2. 想象一下你一整天的活动都被录成影像，而你自己手持遥控器，允许你暂停、快进，或者可以任意播放。

3. 在你的脑海中定格到当前场景（current scene），你正在其中体验着高度焦虑。

4. 现在点击快进按钮，跳到你一天中的下一个场景。

5. 最后，按下播放按钮，看看不久的将来的自己：冷静、平静、感觉不错。惊恐、焦虑或担心已经成为过去，在每天的活动中，你都会很平静地投身到活动中去，并且效率很高。

在完成暂停中最后一个练习时，你可能会感到平静和安逸，也可能还会有一些残余的压力，但是只要重复一下这些练习就好了，直到你的焦虑减轻为止。在你准备好了之后，你就可以离开此处，恢复你的正常活动。

总结

在你认识到自己的触发点之后，使用暂停法来减轻你的焦虑，并且实践这一章中的练习，你将变得越来越擅长从焦虑转向冷静。焦虑将不再会对你的生活和你们的关系产生负面影响。总的来说，暂停法的三个步骤如下。

- 在你被触发的时候，能够认识到。
- 启动暂停。
- 采取自我安抚技巧：
  - 闭上眼睛转动眼球——快速中断反应；
  - 握紧拳头——释放肌肉紧张；
  - 正方形呼吸法——用舒缓平静的呼吸安抚自己；
  - 沉重的手臂，沉重的腿——创建平静感；
  - 温暖腹部，清凉额头——增加你的平静感；
  - 快进到未来——帮助你预期放松。

尽管实现暂停法需要自律，但是这些努力是值得的。除了能获得一种调节焦虑的方法，你还可以改变你和伴侣的互动方式。随着你的焦虑升级，你不必继续与伴侣互动，或者指望对方来调节你的焦虑，现在你可以控制自己的情绪。你，以及你们的关系不再受制于你的焦虑。

　　在下一章中，你将学习如何利用一系列能够减缓整体焦虑水平的技巧来提升你管理焦虑的新能力。有暂停法在手，在焦虑出现的时候可以缓解你的紧张。接下来，你可以创建一个日常放松疗法，这将会减少你的基准焦虑水平。

第 3 章

学会调整情绪,
让你的亲密关系更舒适

亲密关系的经营,体现在每日的相处之中。如果你想拥有更舒适的亲密关系,就需要习惯性地预防日常压力,降低情绪波动的基准。这样你才能展现出更良好的一面,让相处变得轻松!

律师保罗（Paul）说："我早上总是这么坐立不安。在我关闭闹钟之前，我会把我需要做的所有事情都思忖一遍，即便周末也不例外。我想从床上跳起来，开始工作。我等待的时间越长，就越紧张不安。直到有一天，我突然意识到，原来我忘了生活其实不必这样。

"在我们第一次买了房子后，我和玛丽（Mary）通常会每天早起30分钟，所以我们就可以一起很从容地享受早餐和咖啡，然后再正式投入到一天的工作之中。后来我们有了孩子，我也忙于升级为律师事务所的合伙人。升任合伙人之后，我的工作量更多了。现在我总是匆匆忙忙、东奔西走。如果我的电话没有'嗡嗡'的提示音，提醒我有邮件或来电，我就会坐立不安。

"我把早餐仪式忘到了九霄云外，直到几天前，玛丽在我们结婚25周年纪念日的早晨为我做了早餐。她真是好一阵手忙脚乱，还做了我最喜欢的煎饼，并把餐桌布置得很漂亮。我不得不承认：我不再像以前那样对这些感兴趣了。我草草吃完了早饭，甚至在饭桌上就用我的个人掌上电脑（Personal Digital Assistant, PDA）写了一封电子邮件。早餐一吃完，我就立刻起身准备去工作。她认为这是对她的不满，认为我无视她的努力，不想和她待在一起。

她抱怨说我总是太过全神贯注，要不就是匆匆忙忙。我们最终大吵了一架。玛丽说，现在孩子们都已离家，她一直希望跟我能有更多的时间在一起，而不是更少。

"我确实想和玛丽待在一起啊！只是这些天，我似乎无法慢下来。我总是担心我无法完成所有工作，所以每次我试图慢下来的时候，我真的会很焦虑。我希望玛丽能多体谅一下我的压力。在工作完成之前，我可能无法放松下来，也没法悠闲地享受早餐。"

对于那些其中一方患有焦虑的夫妻而言，保罗和玛丽的问题并不是个案。保罗对于未来的关注，干扰了他放松下来的能力，也影响了在结婚纪念日的早晨和妻子建立连接的能力。然而，他的焦虑对无法享受结婚纪念日早餐造成的影响，远远超过了无法建立连接感的后果——他的焦虑成为他和妻子之间冲突的一个来源。玛丽经常会把保罗的匆匆忙忙和工作繁重解读为对他们之间的关系不再感兴趣。虽然情形并非如此，但保罗的高度焦虑确实干扰了他与妻子建立连接的能力。

对那些其中一方长期患有焦虑的伴侣来说，这确实是一个常见的问题。如果你将基准焦虑水平设置为"红色警戒"，而对方的却是"绿色"，你们的关系将会受到影响。为了你的个人幸福以及你们关系的健康发展，你要学习如何降低基准焦虑水平——这一点很重要。下面提到的日常压力预防将会帮助你实现这一目标。

日常压力预防

日常压力预防是基于你在第二章的"暂停法"中学到的放松技巧。在完成所有的自我安抚步骤（练习 2-3 到 2-8）以后，你只需额外再做两个新的练习就好了，每个练习都会有不同的效果：

- 在安全之地冥想：创建一种安全感。
- 总结陈词：巩固你的成功。

每天只需留出 20 分钟来练习这八个技巧，就可以降低你的基准压力水平，防止你们的关系受到伤害。

日常压力预防的好处

身心"慢下来"有三大好处：重新调整应激激素（stress-hormone）水平、生成最佳的脑电波活动以及增强"暂停法"的有效性。

重新调整压力激素水平

首先，日常压力预防旨在降低你的压力基准水平、焦虑和紧张水平。然而，慢性焦虑会导致你的应激激素水平升高，并在体内循环，这样你会更加紧张和焦虑。回想一下，在一些焦虑障碍的情境中，长期的应激激素水平升高会导致身体种种不适，比如肌肉紧张、紧张性头痛和胃肠不适等。

练习日常压力预防，有助于降低你体内释放的应激激素水平，并能增加血清素（serotonin）的释放，后者是一种与积极情绪有关的、影响神经系统的化学物质。其实，你也在改变你的内环境平衡状态。正常情况下你的体温长期在 36.6℃ 徘徊，而慢性焦虑则会让你的压力水平长期处于 38.3℃——急促而发热。坚持定期重复练习的话，日常压力预防就可以通过改变体内影响神经系统的化学物质和激素的浓度，让身心调整"压力温度"。

生成最优的脑电波活动

参与日常压力预防活动也可以产生有益的脑电波活动。不同的心态下，脑电波的类型也各不相同。β 波与焦虑和担忧有关，而 α 波和 θ 波则与平静和放松相关。日常压力预防把你的大脑从聒噪繁忙的 β 波转移到了平静和放松的 α 和 θ 波。你实际上就是在告诉大脑要调整运转的频率。

增强"暂停法"的有效性

重复进行"暂停法"这一套程序中的日常压力预防练习，还有另外一个好处：在进行日常压力预防期间，你可以进入一种平静的状态，你也会越来越娴熟地运用暂停法。无论你身在何处，也无论你遭遇什么，你所做的日常压力预防练习越多，你就越能更快速、更轻松地进入放松状态，获得幸福感。通过这一练习，你可以降低你的压力水平，也能确保你正在运用的这些降低焦虑的方法更有效力。

日常压力预防的步骤

一旦你选定了练习日常压力预防的场所（比如选择家这个地方练习"暂停法"就很棒），首先开始进行暂停法计划的六项练习：

- 闭上眼睛，转动眼球（练习 2-3）
- 握紧拳头（练习 2-4）
- 正方形呼吸法（练习 2-5）
- 沉重的手臂，沉重的腿（练习 2-6）
- 温暖腹部，清凉额头（练习 2-7）
- 快进到未来（练习 2-8）

做完这些练习后，接着进行以下两个新的练习，即在安全之地冥想和总结陈词。

创建一种安全感

这一练习需要运用想象力和可视化来帮助你进行自我安抚。通过想象自己置身于一个氛围安详的地方，你可以迅速使身心进入一种宁静祥和的状态。有些人喜欢选择一个特定的安全之地，或许是某个他们特别喜欢的度假胜地。其他人使用不同的地点，这取决于当天哪些事物对他们尤其有吸引力。许多人喜欢水，对于在海滩上的休憩充满了美好回忆；有些人一想到高山、森林、山谷或花园就会心生宽慰；还有一些人更愿意为自己量身打造一个虚拟空间。可视化成功的关键在于将所有的感官都调动起来参与其中。你在安全之地所看到的、听到的、闻到的和感觉到的细节越多，它们对你而言就越真实。而这些感觉越真实，这个安全之地就能起到一个更大的镇静作用。

练习 3-1

安全的地方或安全的房间

下面的脚本和步骤将指导你完成对安全之地的创建和访问。在创建阶段，你可以使用两种不同的脚本：首先，是在大自然中创建一个安全空间；其次，是帮你创造一个安全的房间。如果你知道自己喜欢其中一个胜过另一个，那么就越过你不感兴趣的脚本好了。如果你不确定自己到底更喜欢哪个，那么两种可视化都尝试一下便是。你会发现通过冥想这些理想中的安全之地，可能会让你感到惊喜。

因为这一脚本要比之前长得多，我们建议你要么把它录下来，要么请一位朋友、你的治疗师或者你的伴侣读给你听。然后找一个安静、舒适的地方（日常压力预防练习空间就很合适），让自己放松下来，集中精力，闭上眼睛转动眼球（练习 2-3），并按正方形呼吸法呼吸几下（练习 2-5）；并让下面的语句来指导你。

安全之地：大自然中的一个场景

现在，通过闭上眼睛、转动眼球以及正方形呼吸法，你已经获得了一种平静的心态；你可以通过与某个可以深化你放松状态的图像和经验建立连接，继续这种放松状态。安享你的内心世界，然后扪心自问，你愿意成为大自然中的哪种生物。你可以去往任何你想去的地方，这个地方可能是某个你去过或者想去的地方；可能是真实存在的，也或许只存在于你的脑海里。它可能是某个不太遥远的过去的记忆，或者来自很久以前的童年经历。让你的直觉引导你去往正确的地方吧。

一旦你选定了那个感觉正确的地方，现在就让自己去到那里，调动你所有的感官去感知这个地方。环顾四周，用你内在的眼睛审视一下这里。有些人可以在他们的脑海中创造出生动的画面，而其他人只能看得模模糊糊或看不清全貌：没关系，怎样都行。

最重要的是，在你环顾自己所选定的这个安全之地的时候，你获得了一些内在感觉。你听到些什么？你能否听到声音——那些舒缓的声音，那些用你的内耳听到的声音——也许是浪花，也许是微风和音乐，也许是笑声？

嗅觉是如此强大。你知道闻到了什么，不是吗？——这种气味是否把你带回到一个地方、一个场景抑或是一个美妙的经历中去了？现在让你自己同所有来自安全之地的气味真正建立起连接感。

置身于安全之地的感觉如何？是否有风轻轻吹拂着你的脸，温煦的太阳照在你身上？你能感受到脚下的沙子或青草吗？或许你可以在脑海中想象伸出手去触摸到什么东西？一片叶子、一朵花或者是一棵树的树皮？你是坐着还是在走路？或者是躺在沙滩椅上还是躺在毯子上？

当你与安全之地建立起连接时，你可以享受当下的宁静——让自己尽情受这一安全之地吧。仔细留意待在那里是什么感觉，你可以在那里想待多久就待多久……浸润在大自然之中，浸润在这种静谧之中，同你运用想象力所创建的美丽建立连接。

为了方便自己重回安全之地，你可以创建一个线索，它可以自动带你回到安全之地，身心都充满平和。要创建这个提示，可以选择一个短语，它会提醒你自己现在正置身何处。例如，如果有些人的安全之地是在海边，他们可能会选择短语"平静的海洋"；另外有些人，如果他们的安全之地是在山里，他们可能会说"雄伟的山峰"。现在用一瞬间让这个短语在脑海中浮现，这个短语代表着你刚刚为自己创建的安全之地。这个短语甚至可以不必逻辑通顺；只要你自己感觉对就行了。一旦你的短语浮现在脑海中，就选取一副有关安全之地的图像在头脑中定格，在心中重复这个短语，并且在头脑中展开对这幅画面的生动想象。

在将这个短语和图像定格以后，你就是在训练你的大脑迅速按下重播按钮。当你按下重播键，重复播放这个短语和图像之后，美好的感觉很快就会自动到来——非常迅速，却又不期而至。这样一来，你就很容易再联想到这个美妙的地方，重新升起宁静的感觉。你可以期待着一次次重回安全之地，你会欣喜地发现你可以在脑海中一次次重新回去，无论何时，只要你想，你就可以一次次重返那里寻求慰藉。当你准备离开安全之地时，你知道你可以随时返回，你可以慢慢地从 1 数到 20，而无需匆忙睁开眼睛。

安全之地：创立一间安全的房间

这不是一个自然界中的安全之地，你可能想要创立一间安全的房间。你可以简单地遵循以下指南 [参见卡洛琳 2007 年出版的著作：《影响调节工具箱：针对反应过度的客户的实用和有效的催眠干预》（*Affect Regulation Toolbox : Practical and Effective Hypnotic Interventions for the Over-Reactive Client*）]。

现在，你已经通过闭着眼睛转动眼球和正方形呼吸法获得了一种宁静的感觉，你可以继续放松：放松下来，你可以运用想象力来幻化出一个特殊的房间——这是一个安全的房间，一个休憩之所——这个房间非常舒适宜人，你可以进去休息。你可以与这一图像建立连接，它可以进一步加深你放松的感觉。环顾一下这个房间，你可以边看边做装饰，这样它就会完全符合你的喜好，你会尤为欢喜和欣慰。花一些时间，按你自己的喜好来装饰这个房间吧。你是创造者，是这个虚拟房间的设计师，所以你或许可以从选择装修方式中找到特殊的享受——按自己的好恶——选择正确的颜色、正确的纹理和你喜欢的家具。

在这个房间里，你能看到颜色、听到声音，体验到你喜欢的感觉吗？环顾一下你的房间……也许现在你想坐在舒适的椅子上或沙发里，或者是躺在床上——你会发现，坐着或躺着都能带来一种特殊的享受……然后休息。如果在这个可爱的房间里，你感觉到自己在精神上已然轻松，你就可以体验到一种舒缓的、舒适的感觉。拥有一个属于自己的房间，在那里你可以休息、做梦，体验到越来越多的宁静祥和之感，远离日常俗事纷争，是不是感到很高兴？现在，再次回到你的房间，你听到了什么样的舒缓的声音？是壁炉内燃烧的木头发出的哔哔剥剥的声响，还是微风拂过窗棂？是柔和的背景音乐，还是室内喷泉潺潺的涓涓细流？

花点时间享受一下你的圣殿吧——这是你的房间，你所创建的安宁舒适的地方。同时也欣赏一下自己头脑的创造力，仅凭自己的想象，就可以生成一种平静和安宁的感觉。

任何时候，只要你想，你都可以期待重回这个安全之地和庇护之所；并且心里知道，在任何时候，只要你想，这个房间及其衍生的那些特质都是属于你的。

为了方便自己重新回到这个安全的房间，你可以创建一个线索，它可以自动把你带回到这个让身心都感到平和的地方。要创建这样一个可以提醒你的身心回忆起这个安全房间的提示，可以选择一个单词或短语，它会提醒你记起这个特殊场所。例如，如果有些人的安全房间洒满了灿烂的阳光，他们可能会选择单词"日光浴室"；另外有些人或许会选择"软装饰房间"，如果他们的安全房间里充满了软装饰和毯子的话。

现在用一瞬间让这个单词或短语在脑海中浮现，它象征着你刚刚为自己创建的安全之地。这个短语甚至可以不必逻辑通顺，只要你自己感觉对就行了。一旦短语在脑海中浮现，就在头脑中定格一幅有关安全房间的图像，在心中重复这个短语，并且展开对这幅画面的生动想象。

在将这个短语和图像定格以后，你就是在训练你的大脑迅速按下重播按钮。当你按下重播键，重复播放这个短语和图像之后，美好的感觉很快就会自动到来——非常迅速，却又不期而至。这样一来，你就很容易再次联想到这个美妙的地方，重新升起宁静的感觉。在日常压力预防活动中，你可以期待着一次又一次重回安全房间，你会欣喜地发现你可以在脑海中一次次重返这里，无论何时，只要你想，你就可以。当你准备从此处离开时，你知道你可以随时返回，你可以慢慢地从1数到20，不必匆忙睁开眼睛。

访问你的安全之地

现在你已经创建了属于自己的安全之地，不仅在日常压力预防中，而且每当你想短暂地休息和放松一下，找回舒缓的感觉和与安全之地有关的图像时，你都可以使用它。你可以使用以下这个快捷三步法来访问你的安全之地。

1. 闭上眼睛，内心重复你的提示短语，回忆安全之地那幅定格的图像。

2. 让这个提示把你带回到安全之地，回忆那些与这个地方相关的景象、声音、气味和感觉。

3. 当你在安全空间里放松的时候，关注那些你觉得安全和舒适的感受，保持这种感觉大约五分钟的时间。在这段时间里，如果你注意到自己的思想游移不定，就重复你的提示词，把你的注意力轻轻地带回到与安全之地相关的视觉和感觉上面来，尤其要注意这种与之而来的幸福感。

巩固你的成功

我们对自己说出的单词都是有能量的。著名的法国药剂师埃米尔·枯耶（Emile Coué）早在 20 世纪初期就开始施行催眠术。他曾断言，任何完全占领了头脑的想法都会变成现实。在这种情况下，我们得出结论，日常压力预防练习，再加上一套总结结语，就可以强化、提升和庆祝你通过参与这一日常实践对自己做出的承诺。

练习 3-2

总结陈述

沉浸在安全之地带来的幸福感之中，把下面的语句通读几遍。然后闭上眼睛，每个句子重复三次，要么默读，要么大声读出来，即使你觉得它们只有一部分是正确的。

1. 我为自己留出了时间。
2. 我留出时间来照顾自己的需求。
3. 我留出时间让自己放松下来，感受宁静和包容。
4. 我是平衡的。

5. 我是有弹性的。

6. 我可以体会安宁和平静。

如果你觉得还有其他肯定陈述适合自己，你可以随意添加。如果你愿意，你还可以重复任意陈述三次以上。

在做最后陈述时，你可以深吸气和深呼气一次，并对自己说，我已准备好在这种平静和安宁的状态中度过这一天。

使日常压力预防成为一种习惯

多年来，我们已经看到每日减压练习所带来的如此惊人的好处；因此我们强烈建议每个高度焦虑的人都开始每天练习。即便你最不想做的事就是抛掉待办事项列表、关掉电话、关闭电脑来做日常压力预防，但是投入时间进行自我保健仍然是值得的。想做对你有好处的某件事和你真正去做这件事之间存在很大区别。将新程序或实践纳入日常生活意味着改变旧的习惯，创造新的。如果你曾经尝试过节食，或者增加每周例行的体育锻炼的运动量，你很有可能已经发现了这个简单的事实：改变习惯是非常困难的。为了应对这一挑战，这一章的最后一节致力于帮你形成一个新的习惯，以使日常压力预防可以变成日常生活中的一部分，让它变得就像早上刷牙一样自动就会去做的事情，而不会有别的想法。

总有理由无法让自己放松下来，尤其如果你长期处于焦虑状态的话。然而，你把这个练习变为日常生活的一部分非常重要。以下两个练习可以帮你把日常压力预防练习变成习惯。

- 与内在的"理性家长"（wise parent）建立连接：帮助你与自己内在的、强大和鼓舞人心的那部分建立联系。
- 坚持将日常压力预防的部分可视化：帮助你控制意念的力量（power of intention）。

借助于内在的力量

为了克服你可能在日常练习中所遇到的任何阻力，与体内我们称之为"理性家长"的那部分建立连接是很有用的。你的"理性家长"是你的理想家长：一个强大的、能滋养你的那部分，既坚定又鼓舞人心。这是你成熟的那一部分，是你强大的、富有同情心和善良的自我。它用一个温柔的声音对你说话，在你需要运用积累的生活智慧时，你总是能找到它。这个"理性家长"可以引导你更年轻的那部分——这部分更易于冲动，喜欢追求即时的快感——采取符合你的最大利益的行动。像任何好的家长一样，"理性家长"用善良、同情和耐心设立明确的期望。

不管你实际上作为一个孩子从父母那里得到了怎样的关爱，你都可以运用自身这一坚定和富有同情心的部分。这样做能够使你承认所有的欲望、情感和冲动——这些情绪都可能会让你无法展开这一练习——而仍然可以做你的日常压力预防练习。

练习 3-3

借助内在的理性家长的力量

要准备这个理性家长练习，先花些时间来熟悉下面的脚本。另外，把脚本录音，或者请一个朋友或治疗师大声念给你听。一旦你准备开始练习，通过闭上眼睛转动眼球（练习 2-3）和几轮正方形呼吸法（练习 2-5）进入一个放松的状态。当你感到平静和集中后，继续下面的脚本。

你静静地坐着，花点时间去接触你内在的理性家长。首先要记起在你安慰一个孩子，或者给朋友和同事提建议的那些时候——你向他们提供了理智的建议或者做出了良好的判断，彼时你信任自己的直觉，享受与人共享这个成熟、关爱的自己。回忆起当时你在哪里，你同谁在一起，你跟这个人讲话的态度。在你回忆起这段往事并让它在你的头脑中停驻之时，当你扮演一个善良、稳固和关怀对方的角色的时候，你的身体有何感觉？注意自己在这次邂逅中的言行举止。注意体会一下，在你向别人提出理性的建议时，当你在与自己内在的理性家长接触时，感觉如何？在你回忆的时候，注意自己的身体感觉。也许你能感觉到自己的脊柱强壮而稳定，你的双脚牢牢地立足在地上。现在把你这种强烈的自我意识带到现实中来。用你的脊柱感受同样的力量，在你接近那个善良的、博学的、内在的自己之后，把那种平静和坚定的感觉带回来。

你的理性自我的核心决定了你的健康和福祉。所以，和处于意识最前沿的父母的部分一起，轻轻地告诉自己，坚持进行日常自我安抚训练是多么重要。你可能会感觉到来自那些年轻部分的阻力，或许是心烦意乱，或者是懒惰和不情愿。有时这种阻力很小，容易管理；有时它很难管理，僵硬顽固，需要额外多一些坚定才行。这是一种温和、适度但是坚定的指导，可以帮助你内在顽固的那一部分明白这样做最符合你的利益。

你越是接触你的理性家长，你的思想、反应和情绪就越容易受到这一部分的影响。你的理性家长越是能频繁地掌握全局，你就越有可能构建和坚持那些你想融入日常生活的习惯；而这些习惯能减轻你的焦虑，提升你与伴侣之间的互动，并最终改变你的基准压力水平。所以一旦你注意到阻力出现，你感到那些年轻的、懒惰的或是纪律散漫的部分在发号施令，就靠近你内在的理性家长，并对自己坚定和同情地说，我知道你不想这样做，但是你必须要这样做，因为这样对你有好处。

利用意念的力量

意念的力量是巨大的。当你从意图的力量中攫取能量，你就给"眼见为实"赋予了一种新的含义：通过想象和感知自己在做一个动作，你就增加了真正去做这一行为的可能性。在以下的练习中，你将使用可视化来帮助你利用善意的能量，提升你对于日常压力预防的承诺和热情。

我们中的一些人是以视觉为导向，而另一些人是行为（或接触）导向。你在进行下面的可视化练习时，如果你的视觉图像或生理感觉不像你所想象的那样生动形象，也不要担心。至于什么感官更易于调动，大家情况各异。例如，在要求想象一个日落时，一个视觉导向的人可能会生动描述沙滩上粉红色和紫色的日落；而一个更倾向于行为导向的人，则会描述轻拂他面颊的凉爽微风和温煦的日落余晖。下面的可视化包括丰富的视觉和动作细节，所以不管你的特殊特点为何，你都可以获得一个强大的体验。

练习 3-4

将坚持日常压力预防可视化

我们建议你在晚上睡觉之前做此可视化练习，同时期待第二天会产生的可能性。让自己熟悉下面的脚本，或者请人读给你听，或者将其录音；就绪之后，舒服地躺到床上，准备继续。在你做可视化练习时，记住你不是在做练习，而是想象自己在做。

你舒适地躺在床上以后，闭上眼睛，做一些缓慢的呼吸，开始想象自己明天这个时候正在进行日常压力预防练习。在你的脑海中，看到自己坐在所选择的日常训练之所，无论它是在什么地方。也许是坐在你最喜欢的那把舒服的椅子上；也许是坐在家里或办公室的地板上或沙发上。现在让自己开始感觉占领这个空间有什么感觉。想象一下坐在椅子上、地板上或者沙发上是什么感觉——这把椅子、地板或沙发是怎样支撑了你的身体。

既然你看到自己已然置身该处，就在脑海中想象一下自己开始日常压力预防练习。看到自己闭上眼睛，开始转动眼球这个动作——这是一个小小的姿态，表示开始降低你的基准压力水平。接下来在时间上快进，看到自己做完了握紧拳头这个动作，并准备开始正方形呼吸法。看到你的胸部随着每次吸气而起伏，感受到随着每一次新鲜呼吸，你正在为自己注入新的平静感。

　　现在快进到"沉重的手臂，沉重的腿"和"温暖腹部，清凉额头"这两个最后的练习。随着一种宁静和平和的感觉继续渗透你的整个身体，想象一下身体如何舒适，以及姿势产生的变化。感受一下每天抽出时间创造这种感觉，这种内心的和谐与平静的感觉，这是你应该得到的。

　　想象一下，随着你继续对安全之地进行可视化和总结肯定，这种平静的感觉会不断加深和增强。现在快进到总结陈述，感受一下你的成就。感受到这种满足感和清晰感，同时伴随着一种冷静和放松的感觉，这来自于你坚持和重视日常压力预防。想象一下，你发现这是一个非常愉快的和自然的体验，你该有多么喜悦和满足。

　　也许，现在，你可以让自己期待明天你的感觉会有多美妙；随着你坚持进行日常压力预防练习，给自己时间来平衡神经系统，创造一种内在的和谐、平静和放松的感觉。现在向自己保证，你明天要抽时间进行舒缓的放松。从明天开始，随着你持续将这些自我安抚的实践融入日常生活之后，你就可以期待随后会产生的种种益处。

总结

学完本章之后，你就获得了自己所需要的降低基准焦虑水平的方法，同时还获得了能帮你克服任何阻力、建立和维护日常压力预防这一习惯的方法。用亚里士多德的话说："重复的行为塑造出我们，所以，卓越不是一种行为，而是一种习惯。"

我们鼓励你建立日常压力预防的习惯。就像停止锻炼后，你的肌肉就会失去张力和耐力一样，如果你停止日常减压，你的基准焦虑水平会再次开始向上攀升。所以，每天一次，按照下面的顺序做这八个简单的练习。

- 闭上眼睛，转动眼球（练习 2-3）：快速中断一个反应；
- 握紧拳头（练习 2-4）：释放肌肉紧张感；
- 正方形呼吸法（练习 2-5）：帮你用平静的呼吸安抚自己；
- 沉重的手臂，沉重的腿（练习 2-6）：创造平静感；
- 温暖腹部，清凉额头（练习 2-7）：增加平静感；
- 快进到未来（练习 2-8）：帮助你预期放松；
- 冥想安全之地（练习 3-1）：创造一种安全感；
- 总结陈述（练习 3-2）：帮助你提升和庆祝你的成功。

通过日常压力预防这种常规练习，你可以汲取和利用你从来不知道的内部资源。同时，在基准焦虑水平降低以后，你的焦虑不会成为你们伴侣关系中的压力源。相反，当你继续灌溉这个内在的幸福源泉，你就可以把注意力从可能的焦虑源转向创建一个与伴侣更强大的、更亲密的连接感。本书下面两部分会给你提供做到这一点的方法。

第二部分

构建和谐亲密关系的完美指南

第 4 章

了解对方性格——拉近关系的第一步

我们都知道，亲密并不意味着相互了解。但是要想建立长久的关系，却不得不了解对方的性格。只有了解了对方的性格，才能够理解对方的反应和表达，产生一种特殊的默契。

在第一部分中，你对焦虑障碍的种种形式已经有所了解，并且对它们会对个体造成的伤害也已有所明了。你同时还掌握了一系列可以安抚身心的技巧，这样可以增进你抵抗挫折的能力。然而，焦虑在对你本人造成伤害的同时，也同样会摧毁你的亲密关系。现在，既然你能更好地调节焦虑的程度，你也就能拓宽痊愈的范围，进而可以包容你和伴侣之间的关系，改变关系的整体态势。

你或许会认为，如果你的伴侣真的爱你，他／她就会自发懂得如何来回应你的需求，并且随时准备在你需要的时候施以援手。诚然，此为人之常情；但遗憾的是，这多半却是痴心妄想。相爱并不意味着自然而然产生理解，抑或说，也并不意味着就能够敏锐地捕捉到对方的需求，并具备了给予回应的能力。这种情形在慢性焦虑患者身上尤其常见。

劳伦（Lauren）是一位典型的焦虑症患者，她意识到自己的焦虑已经在对婚姻造成伤害。同其他广泛性焦虑障碍患者一样，她也经常会饱受预期性焦虑的折磨，终日为可能到来的灾难忧思不已。而这其中最让她忧心忡忡的，莫过于她的独生女儿安娜（Anna）了。安娜在秋季学期就要上学了，最近她最大的忧虑在于，该让安娜上哪所学校才好。当劳伦的姐姐问她丈夫对此作何表态时，劳伦只是摇了摇头。

"鲍勃永远都是老样子。不管我担心什么，他从来都无动于衷。很多事情都可能出错。我听说，附近的学校里有一位教师人品粗鄙，万一安娜不幸分到她班上该怎么办呢？如果安娜上学伊始就输在了起跑线上，她或许从此就会终身记恨学校。这样一来，或许她一生的教育轨迹都会彻底发生改变。但是每当我提及此事，鲍勃都会翻个白眼，说我是夸大其词、小题大做。他还说安娜是个天性快乐随和的孩子，无论去哪儿都不会差，然后话题就此打住。他对我说的桩桩件件，都不会当真。而我如果试图再追着他继续这一话题时，他要么会很恼火，要么就是不搭理我。

"曾几何时，他这位工程师的逻辑思维是我最为之着迷和欣赏的特质之一。他对任何事情都处之淡然，他会对一切事物都进行逻辑分析。但是现在，就是这一点让我抓狂；对他来说，所有事情都是有逻辑可依的。我所忧虑的每一件事，到了他那理性的铜墙铁壁面前，瞬间就会溃不成军。

"这让我觉得，他根本就不在乎我的想法，或者说根本就不在乎我这个人，我想他甚至都不明白我的诉求是什么。我曾一度以为我的焦虑就是问题本身，但是现在我明白了，我的婚姻也是问题的根源所在。似乎我已经与失婚人士无异，或者至少在我准备和伴侣携手走进婚姻殿堂之前，这种情形是我不曾预想到的。"

我们接待过不计其数的来访者，她们都和劳伦一样，向我们表达了类似的绝望和沮丧。她们感到不被爱人所理解，也感受不到来自对方的关爱，这让她们十分痛苦：在我们的治疗室中，这类诉求已经成为一种非常显著的现象。当然，我们都渴望被人理解，尤其是渴望来自爱人的理解。遗憾的是，在稳定的亲密关系中，彼此之间渴望共鸣和支持的挣扎屡见不鲜。在伴侣中的一方患有焦虑性障碍或者高度焦虑的情况下，这一点尤其明显。

在本章中，你会对神经系统科学（neuroscience）关于关系的界定有所了解，并且可以认识到，在一方患有长期焦虑性障碍的情况下，有几种情形会对伴侣之间的亲密关系造成伤害。你还会对你的伴侣为何会对你的焦虑做出如此反应产生更深入的了解。但是首先，让我们先试着对人类的大脑做一个认知。

神经生物学（neurobiology）对关系的界定

从神经生物学的角度来说，你和伴侣之间的僵局就完全说得通了。如果你充满了焦虑，而对方并没有，你们其实是在用大脑各自不同的区域沟通和对话。要想了解这一点，让我们先来看一下大脑的工作原理。

大脑的三个部分

正如身体其他器官一样，人脑由很多不同的结构组成，它每个组成部分都功能各异，却又相互协作，以确保人脑达到至善功能（optimal functioning）。尽管人脑中的每个部分都是独一无二的，但是根据它们各自的位置和功能，神经系统科学家（neuroscientist）还是把它们分成了三个不同的"家族"，或者说是部分。这三个部分构成了我们"三位一体的大脑"（triune brain），当然对这一说法各家称呼迥异，在本书中，我们将其称为后脑（hindbrain）、中脑（midbrain）和前脑（forebrain）。

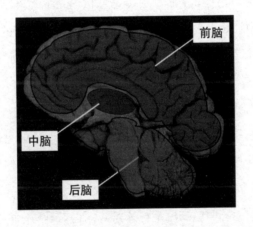

从上图你可以看到，后脑位于大脑的最底部，靠近大脑和脊柱（spinal column）连接的部位。组成后脑的这些部分主要负责控制与人类生存息息相关的身体机能（bodily functions），比如心率、呼吸和饥饿感等。中脑，顾名思义，基本是位于大脑居中的部位，主要负责情感体验。前脑位于后脑和中脑的上方，是在人类进化过程中最新发展起来的部分。高度发达的前脑主要负责人类进行理性和逻辑思考的能力。正是归功于体积如此庞大的前脑，人类才得以进行复杂的思考，并能用书面语言和口头语言进行沟通和交流。

焦虑和中脑——前脑连接分离

在你充满焦虑、心情激动的时候，你的中脑（负责情感体验）就会变得活跃起来。与此同时，你的中脑和前脑（负责理性和逻辑思考）之间的连接就会中断。这样，你的中脑就会全盘接管，它就不允许再与前脑进行协作。你那理性的前脑，通常是负责对眼下的情形做出逻辑判断，并能帮你认识到不必盲目慌张，此时无法再向中脑输出它的信息。由于能帮助你保持平静的理性退场，此刻你就沦为了情绪的奴隶。事实上，你的中脑此时已经处于行为异常状态。

然而此时，你的伴侣很可能却并不处于焦虑之中。也就是说，对方的中脑和前脑仍然合作良好：他的前脑对你的恐惧做出了逻辑判断，并且通知他的中脑根本无需恐惧。在你向伴侣寻求支持的时候，他很可能会把自己头脑中形成的逻辑判断对你和盘托出。然而，此刻你的中脑却已是行为异常，它不再与你的前脑进行沟通，于是对方的逻辑分析你根本就听不进去。你和你的伴侣其实是在自说自话。某种程度上，你是这样的：你的中脑完全被情绪占领，没有丝毫逻辑可言；而你的伴侣的前脑却是如常运转，中脑的情绪完全可以和前脑的逻辑相结合。因为你们完全不在一个"频率"，你当然无法体验到一场令人满意的沟通或者交流。相反，你却很可能会因为不被理解，从而感到空虚寂寞、孤立无援乃至绝望沮丧。你们双方都会觉得彼此的言语和需求都在沟通中消失殆尽了。

练习 4-1

逻辑和情绪的色彩

这种视觉练习可以使你对我们之前所讨论的基于大脑所产生的沟通障碍有更进一步的了解。你的目标在于了解伴侣以及你自身，不作任何评判，并且相反，还要怀着一种开放、友善和好奇的态度，甚至是感受性（receptivity）——在了解的基础上，构建一种连接感，在这种关系中，你要尊重乃至欣赏彼此之间的差异。

把之前那张"三位一体的大脑"示意图放在手边，会对视觉效果尤其有帮助。正如在之前的练习中一样，你可以把下面的脚本通读几遍，尽快熟悉内容，然后根据脑海中的记忆将其录音，在你做练习的时候进行聆听，或者请一位朋友或治疗师为你朗读也可以。

找一个舒适的地方，确保自己在一段时间内不被打扰。然后美美地做几个缓慢的深呼吸，在你呼气的时候，脑海中想着"放松"。

现在，闭上眼睛，继续进行缓慢的深呼吸，每次呼气的时候，都想着"放松"。在你变得更为舒适和放松之后，你或许就会发现，你可以更轻易地运用自己的想象力去体验，并且将"三位一体的大脑"的新知识运用其中。

在这一语境下，或许会唤起你一段特殊的回忆，彼时你和你的伴侣正在起冲突——这让你感到不舒服——你觉得焦虑、恐惧或者忧虑。更糟的是，结果你和你的伴侣会因此彼此疏离——你感到孤立无助——或者还非常凄惨。你会觉得不被理解，因为你的伴侣固执己见，不肯放弃自己的观点来附和你的体验。或许，你还可以再想象一个特殊的场景，彼时你们俩既没有建立连接，在情绪上也没有协调一致——你们貌似在谈话，但是却并没有进行真正的交流。

在你忆及此刻时，你身在何处？或许正置身家中——在卧室？在厨房？也或许是车里。现在，就回想一下那次令人不快的冲突吧——然后让自己再次陷入当时的情绪之中：厌烦、气愤，或许你更加焦虑抑或是深感无助。回忆你的负面情绪，或许你的敌意、伤害、分离（disconnect）情绪在蔓延，感觉不被理解，孤立无援。保持这一画面定格，沉浸在这种情绪中。现在，再回忆一下你们当时对彼此说的那些话，或许你无法回想起全部，那也无妨。就想一下你们通常会怎么说话就行了，然后在脑海中定格这个画面。

现在，回想一下那个"三位一体的大脑"示意图，这样你就会在脑海中生成大脑的图像。想象一下，你可以直视伴侣的大脑深处，能看到他／她的大脑是怎样工作的。在你审视对方的大脑时，想象一下你能看到那三个不同的部分：位于底部的后脑，位于中部的中脑和处于上方的前脑。

现在，想象一下，你的伴侣是在用基于逻辑和理性的大脑部分考虑问题的。或许，他／她给你提出的意见或者解决方法都是从逻辑出发，是在用逻辑呼应你的焦虑。你能看到你的伴侣在跟你讲话，他／她是在运用理性的语言，而这是前脑负责的部分。现在既然是前脑这一负责理性的部分在工作，那么就看看这一大脑中活跃的部分吧：此时它正闪闪发亮，散发出沉静的冷色调——蓝色。而与此同时，大脑的其他两个部分却是黯淡沉寂的。

现在再看看这些话语，也是从前脑这一理性区域（现在显示为蓝色）发出的，经由伴侣的嘴对你说出来的。现在你自己想一下，这些是 XXX 的蓝色话语，是一种理性的语言。设想一下，在你的伴侣对你说出这些蓝色区域的话语的时候，他／她会作何感想，体验如何？

现在让思绪落回你自身。在你的脑海中，想象一下自己的大脑。也审视一下这三个部分：位于底部的后脑，位于中部的中脑和处于上方的前脑。然后再进一步回想一下，在你感到焦虑和分离的时候，你的体验如何。回忆一下那些焦躁情绪，那些担忧和恐惧，你需要伴侣理解你，并给予你支持。在你忆起这些想法，感受这些情绪时，想象一下此时你的中脑在运转：红色的光亮起，变得活跃，充满了情绪。

正如你所看到的，自己是在用情绪的语言——中脑的红色的语言——在与伴侣对话，那就试想一下：这是我的情绪之脑在说话，说的全是红色的充满情绪的语言。这是我大脑的一个部分，也是我目前正在使用的部分。这样一来就完全解释得通，为什么我与伴侣之间无法建立连接，因为他／她正在用冷静的蓝色区域的前脑在思考，说的都是理性的话语。看一下，这两组颜色迥异的话语会相遇，却无法融合；这样就可以理解，为什么你和你的伴侣无法建立连接，不是因为彼此缺少对对方的关爱，而是因为你们是在用大脑的不同颜色的不同区域在思考——一冷一热、一蓝一红——因而无法相互融合。

现在，你自己思忖一下，并非我的伴侣对我无动于衷，而是因为红色无法理解蓝色，蓝色也无法理解红色。但是我却可以学着了解我的伴侣讲话的出发点何在，那些红色的言语是如何对其产生影响的。这是建立连接的第一步。

现在你已经明白，在你有需要的时候，自己可以重复这项视觉练习，就尽可能地抽出时间来逐渐回忆以前的场景吧……同时睁大眼睛……保持警醒和平静。

脑对脑之间的协调连接

协调（attunement），就是指在智力和情绪上都彼此一致，它在关系的每一个发展阶段都很重要。作为孤立的对立面，协调包含一种相互关系：有共同的兴趣、好奇心，且相互理解。在婴幼儿时期，协调首先是通过非语言交流的情绪达成的，包括相互凝视、彼此微笑、舒缓的触摸、心满意足的声音和笑容。在生命的最初，早在婴儿学说话之前，我们就学到了一个丰富、复杂的表达联系的语言体系。借此体系，我们同样也可以表达悲伤和不安。即便随着年岁渐长，我们拥有了口头表达能力，协调更多还是借由非语言体系来表达的。和含情脉脉的凝视所传达的温情和关心比起来，和一个安慰的触碰比起来，和身体姿势所传递的同情比起来，在彼此投契的双方那里，语言所能表达的太过浮皮潦草，根本无法企及。

如果两个个体能够在这个复杂的语言与非语言的交互网络中和谐一致，那么在情绪上，他们就达成了共识。他们正在体验"情感共鸣"（emotional resonance）：在情绪上，他们正在哼唱同一个曲调。这种情感共鸣，或者连接（connection），之所以能够实现是因为在协调一致的双方之间，他们的中脑、前脑乃至后脑的各个部分都在同步工作。也就是说，如果你和伴侣能够协调一致的话，在你中脑里很多基于情绪的中心就会彼此呼应，以同样的模式运转。

然而，协调并不意味着你们的情绪是完全一致的。举例来说，如果一个婴儿因为悲痛而哇哇大哭，一个协调的看护也不必心慌意乱，以求和婴儿保持情绪上的一致。看护可以温柔而平静地来到婴儿身旁，认识到婴儿对于舒适和支持的需求，并予以满足。同样，如果你感到紧张，你很可能会向你的伴侣寻求支持，对方也并不会变得同你一样紧张，以此来表达对你的支持。一个协调的伴侣，最为理想的做法，应该是向你传递照顾和关怀，以帮你获得一种内心的安宁和幸福。

在我们年岁渐长的同时，协调对于我们的关系体验来说更加至关重要。在恋爱关系中，协调来自于"情感亲密"（emotional intimacy），在这种亲密关系中，我们可以在双方共同的情绪语言中找到流畅与共鸣。神经系统科学家丹尼尔·西格尔（Daniel Siegel）对人际关系、情绪和自我调节进行了广泛研究之后，对于协调，他这样写道："在我们觉得被人'感受到'的时候，这种谐振状态让人感觉良好，我们不再是孤零零的一个人，而是处于一种连接状态。这就是移情关系的核心所在，我们能感受到自己在对方的大脑中拥有清晰的影像。"这种谐振连接可以帮助我们巩固亲密关系。我们在一起分享喜悦之时，能获得一种满足感；同样，在面对艰辛和压力的时候，如果一个协调的伴侣能够察觉我们的需求，那我们就会充满一种幸福感。其实，在恐惧或者紧张的时候，会本能地向别人寻求安慰，这是人类的一种基本冲动。

因为同重要他人（significant other，如配偶或恋人等）的协调体验非常强大，协调关系破裂就会导致失神和缺失感，甚至会让人感到痛苦。然而在所有的关系中，不管它有多么牢靠，协调关系中的裂痕都会不可避免地存在，很多时候你们并不能保持同步一致。因此，你们双方都能修复裂痕就显得很重要了，这样它们一经出现，就可以被修复。一旦无法保持协调一致，你就可以立即灵活地修复这种分离关系，使双方重建和谐。

协调关系中的焦虑和破裂

如果你充满了焦虑情绪，在情感上你就会失去灵活性，而灵活性是恢复协调关系所必需的。回想一下第二章的开头部分，我们的大脑构造决定了它很容易受情绪控制，而不是用理性来约束情绪。当你因为焦虑而变得不知所措时，基于情绪的中脑就会高度运转，你就会或多或少接收不到来自前脑的理性分析。你所说的话全都充满了情绪，因而无法同伴侣保持一致，因为对方的前脑依然在正常工作。在你的情绪奔涌而出之时，如果不借由在本书第一部分新学到的技能，你就很难重新与前脑建立连接，平复焦虑的情绪，重新和伴侣步调一致，并建立情感连接。协调状态要求在前脑和中脑的活动状态中达成一种平衡。这就意味着，中脑需要在其最优水平激活运转，这样你就可以体验情绪，而不是完全受其所控。当然，在你充满了焦虑的时候，情形远非如此。

再来设想一下，如果你深陷在恐惧与焦虑中无法自拔，你转向你的伴侣去寻求支持与帮助。不管你的伴侣作何回应，如果中脑和前脑之间的活动无法达成一种平衡状态，那么与协调相生相伴的安全感和幸福感就不会到来。在你的焦虑性障碍发作的时候，即使是最有求必应的伴侣都无法给予你这种幸福感。

在连接关系中，如果舒适感缺席的话，你会很容易就感受到对方"不在场"，你会生气，进一步放弃，之前已然存在的分歧就会越来越深。你关注的重心全部集中在自己的想法、身体反应和决策上面，进而会加重你的孤立感。在这些势不可当的压力源（stressors）面前，你会放弃就不难理解了。这种心灵专注会导致你忽略对方的感受，进而与你所渴望的连接感南辕北辙，渐行渐远。

现在，既然你已经了解了第一部分中所提到的焦虑调节技巧，你就具备了开始弥补裂痕的技巧，或许这道裂痕在你们俩之间早已存在了。在你充满焦虑的时候，协调关系就会消失，而在你重新建立中脑——前脑连接之后，你就为恢复协调关系开辟了一条通道。现在你可以拓宽自己恢复的重心，让自己和伴侣之间的互动朝着良性发展。在这个过程中，第一步就是理解伴侣对你的焦虑所做的应答与反应。一旦你能增进对这些应答与反应的了解，你就能更好地与对方达成一致，并且可以改进你们的沟通模式。

理解伴侣对你的焦虑所做的反应

要理解伴侣对你的焦虑所做的反应——也是这一部分的目的——最行之有效的方法就是暂时把注意力从自己身上移开，关照一下对方的内心体验。在临床实践中，我们发现伴侣的反应通常会具有以下一种或者三种特征：诉求、攻击和放弃。尽管每个人都是一个独特的个体，但是你却很可能会在如下的描述中发现伴侣的影子。

诉求：用理性说话

最常见的情况是，面对你的焦虑，伴侣第一个反应就是试图帮你认识到，你的恐惧毫无逻辑可言。别忘了，在你充满焦虑的时候，对方负责逻辑的前脑依然在工作。因此，对方第一个冲动或许就是诉诸理性。他/她通常会认为，如果诉诸理性，你就会振作精神，摆脱焦虑。但是正如你所了解到的，理性的辩论并不足以平复你的焦虑。

设身处地地为你的伴侣考虑一下。设想你的典型角色颠倒了一下：你的伴侣焦虑不安，向你寻求支持和帮助。你不想对方痛苦。假设你本身并不情绪化，你很可能会对所面临的情形做一个理性的分析，并给出自己的建议。但是虽然你的初衷很好，这种支持对缓解伴侣的焦虑却无济于事。你爱莫能助，因为对方丝毫无法从你出于好意的建议中受益；而且和一个长期焦虑的人一起生活，这都让对方充满了挫败感——这些都是可以理解的。

继续换位思考。在你试图同焦虑不安的伴侣重新建立关系时，这种挫败感会加深。确实，重新建立这种关联会显得特别迫切，因为你的伴侣正饱受痛苦。但是这种尝试无法实现，因为由于对方情绪太过紧张，他／她的中脑和前脑之间的交流已经中断。结果就是，你无法和焦虑不安的伴侣建立任何一种协调一致的连接感。你感到茕茕孑立、孤立无援。更有甚者，你为建立连接感所做的所有努力都是徒劳的。

现在，转而做回你自己。回想一下，在你焦虑不安、无助沮丧，而你的伴侣却无法与你建立连接时，你自身不断涌现出的孤独感。在那些时刻，你的伴侣或许正是在试图与你建立你所渴望的那种连接。如果这种连接无法建立，你的伴侣就会灰心丧气，同样也会感到孤立无援。所有这些与日俱增的沮丧和失败，有时就为转向攻击和放弃奠定了基础。

攻击：感情用事

因为无法使你平复，也无法重新建立连接，这种挫败感会使伴侣变得情绪激动。理性或许会被愤怒、失望甚至是狂暴所取代。在这种形式的反应中，刻薄的言语和攻击指责是家常便饭。你的伴侣或许会说，你应该可以自行处理自己的焦虑，你过于依赖别人；或者说他厌倦了要无休无止地面对你的焦虑。你或许会感受到，因为你自己无能为力的焦虑，你的伴侣因此而贬低你。你们以往和现在的纷争，或许会进入当下的争执，火上浇油。

当你的伴侣在攻击时，你们双方都不平静，也无心提供或接受支持。你们之间互动很激烈，但是却不会促进相互连接。相反，它会使彼此间的疏离和伤害加深。

放弃：感受失败和寻求孤立

与攻击模式形成鲜明对比的是，在放弃模式中缺乏互动。你的伴侣会在身体上或者情绪上放弃你，也或者是两者兼而有之，试图以此来逃避冲突或者你的焦虑情绪。尽管放弃表面上看起来像是暴风雨之后的平静（尤其是在攻击之后的），但是你们在这段关系中所体验到的孤独感和连接缺失，却和攻击状态中的剧烈冲突一样，对关系充满了破坏性。

在放弃状态下，你或许会感觉到伴侣离你有数光年之遥。即使你们近在咫尺，同处一个屋檐下，你们之间的距离也仿佛远隔天涯。不管伴侣是因为愤怒而双唇紧锁、片言不发还是情绪上已经麻木不仁、装聋作哑，放弃模式都会导致局面僵化。如果你们任由这种家庭氛围徘徊不去的话，这种沉默就会像激烈的争吵一样，对关系产生破坏和危害。

虽然容易从一种反应模式过渡到下一个模式，但是每个人都是一个独一无二的个体，因此在面对他／她那极度焦虑的伴侣时，反应也不尽相同。在对这三种模式有所了解之后，能帮你更好地明白伴侣在面对你的焦虑时所做出的种种反应。它可以使你开始放下自己的内在体验，从而能以一个更为宽泛的视角来审视你们俩之间的嫌隙。有很多种方法可以巩固你的新视角，帮你审视你经常会在亲密关系中感受到的分离感。在帮你进一步开发这些能力方面，以下这些日志练习尤其有效。

练习 4-2
从对方的观点看问题

用一本日志记录下伴侣的反应，可以帮你理解彼此的分歧，意识到对方是一个与你不同的独立个体，学会接受分离。虽然伴侣可能与你有着截然不同的行为和反应，他／她也可能是痛苦的。具有讽刺意味的是，不加判断地接受与伴侣的分离却可能是重建亲密联系的第一步。此练习中你将记录：

1. 你的焦虑影响伴侣的方式
2. 伴侣对你的焦虑的典型反应
3. 这些反应中有意义的部分
4. 你欣赏伴侣身上的哪些特质

你需要四张纸和一支喜欢的笔，或者如果你惯于使用电脑，那就打开四个新文档或者一个有四个独立页面的新文档。书写或打字的身体行为可以帮你处理思绪，他／她与你仅仅只是思考不同。此外，在你写下你的想法之后，你可以随时返回阅读，并能产生新的想法和情感距离。让这些日志留在手边，因为在练习 6-1 中，你会再次翻看它们。

当你备齐了书写工具，关掉电话铃声，找一个舒适的地方保证自己不会被人打扰。通过四个缓慢的深呼吸（如果你需要简单回顾一下，见第二章的"呼吸技巧"部分），让自己集中精力。在你感到安静下来之后，给下面的四页纸写上标题，并如实地写下你的反应，不要有任何顾虑。

第1页：我的焦虑影响到了＿＿＿＿（你的伴侣的名字）的几个方面。

第2页：＿＿＿＿（你的伴侣的名字）对我的焦虑的典型反应。

第3页：从伴侣的角度来看，＿＿＿＿（你的伴侣的名字）对我的焦虑的反应方式有道理。

就这些题目而言，你可以考虑一下以下性格特质如何可以帮助解释这些反应：

1. 你的伴侣的家庭背景；

2. 成长过程；

3. 性别；

4. 气质；

5. 教育或职业培训。

第4页：我很欣赏＿＿＿＿（你的伴侣的名字）的哪些特点。

1. **性格**：伴侣的道德、伦理核心（诚实、值得信赖、勤奋等）；

2. **行为**：你的伴侣支持你或家庭，对方让你的生活变得更容易；

3. **迷人的特质**。

总结

在你们的互动过程中，如果你关注到伴侣的内心体验，你的心就会不可避免地柔软下来。开始可能会感到困难，但是你所获得的回报将证明你的付出都是值得的。当你开始理解伴侣的体验，你就为恢复连接和彼此加深了解铺平了道路。在接下来的章节中，你将沿着这条道路走得更远，将会学习如何确认对方的情绪以及与伴侣产生共情。

第 **5** 章

改善沟通方式——关系逐渐升温的秘诀

越是会沟通的人，关系就能处得越好。良好的沟通方式包括积极倾听、准确理解和建设性表达几个方面。只要掌握了这些沟通技巧，就能让亲密关系迅速升温！

"这并非世界末日，米歇尔（Michelle）。"蒂姆（Tim）嗓音尖细，充满关怀，又因为紧张而变得有些恼怒。"微波炉没有任何问题，厨房修好了以后，我们不能每天晚上都出去吃。只是一个管子爆裂而已，你给人的感觉是周围的房子都塌了。我们可以用纸盘子吃饭，厨房的水槽也修好了，我跟你说过无数遍了，厨房即使被淹，也不会有大的细菌感染的风险。"两天前，厨房水槽下的管道发生破裂，五天后，厨房才能恢复正常使用。但是蒂姆和米歇尔开始担心，他们恐怕会花更长的时间来修复他们之间的裂痕，而且这个裂痕似乎有不断扩大的趋势。

　　"我不明白你怎么可以那么麻木不仁！"米歇尔眼中泛着泪光，"你知道我有强迫症，你还读过我的治疗师推荐的那本书。现在你应该知道，如果我对什么事有所担心的话，我无法像你一样将它从脑海中驱逐出去。我觉得周围都是被细菌污染过的，我无法停止这种想象。维修工人离开时把空汽水罐和快餐食品包装袋都扔在了厨房里，这当然会招来蚂蚁、蟑螂甚至是老鼠。难道只有我自己关心孩子们是不是会因此而染病吗？"米歇尔开始哭泣。"我已经焦头烂额、不堪重负了，现在你还要来指责我。我需要你在我这边给我帮助，你却站到了我的对立面，像个刽子手。"

　　"我不会坐在这里，假装认为你所说的有道理，米歇尔"，蒂姆一边反击一边走出房间，"如果想等我同意你的观点，那恐怕会等很久，因为我不同意。"

"你瞧，我现在不得不启用'暂停法'了。我要去卧室。"米歇尔离开了楼下客厅。

如果你患有重度焦虑，你和伴侣很可能会对生活中的种种问题产生截然不同的反应，就像米歇尔和蒂姆面对厨房的管道破裂一样。正如我们在第四章中所讨论的那样，这些不同的反应会导致你们的连接感和亲密关系产生裂痕。一旦蒂姆无法确认米歇尔的恐惧和观点，米歇尔就会以攻击的方式予以反应，这其实就是在向他传递一个信息，指责他是一个麻木不仁、能力不足的伴侣。而蒂姆也会发起反击，控诉米歇尔才是那个不可理喻的人。他在走出房间之前发起最后一次攻击，并开始进入放弃模式。至此，米歇尔认为她自己受到了刺激，因此她开启暂停模式，防止了她和伴侣之间的破坏性冲突进一步升级。

尽管蒂姆是在愤怒之下脱口而出，但是他最后的评论却说出了一个至关重要的真理，这是米歇尔再怎么减压也无法改变的部分：他没有分享她的观点。如果你焦虑，而你的伴侣却并不焦虑时，你们的观点往往会有分歧。就像米歇尔的情况一样，这种分歧会导致冲突，可能会加剧你的焦虑或引发其他强烈情绪，诸如愤怒和伤害等。然而在双方起冲突时，你该如何与伴侣沟通呢？有没有再次落入习惯性但是却具有破坏性的沟通模式，比如攻击和放弃？除非你允许大家各抒己见，否则你们俩不同的观点将成为关系破裂的源泉。在本章中，你将学会尊重自己的情绪、恐惧和观点的能力，同时也会在这方面承认和尊重伴侣。获得这种能力之后，你就可以从反应（reacting）转向有意识的回应（intentionally responding），而这两者截然不同；这样一来就可以帮助你们彼此建立连接，同时探索你们之间的差异。

反应与有意识的回应

反应与有意识的回应之间的区别是什么？在我们看来，反应是皮疹，是向伴侣作出的强烈反应。如果你在被动模式下与伴侣发生冲突，情绪——强烈的情绪——将决定你的行为和言语。这就不仅仅是产生障碍的焦虑了。愤怒、沮丧、失望和悲伤——这只是情绪的一部分而已——正如你无法约束的焦虑一样，是具有压倒性和毁灭性的。这是因为即使没有焦虑，这些情绪也可能会导致情绪泛滥。

这种情绪泛滥将会使中脑高速运转。就像当你充满焦虑的时候，中脑和基于逻辑的前脑之间的连接就会受到阻碍。你的情绪就像通过一个扩音器在向外狂轰滥炸，而你对伴侣和当前情形的更理性的评估却几乎连嗫嚅之声都发不出。情绪升级、冲突加剧，你会发现自己卷入了与伴侣之间的混战，结果就是：要么攻击，要么放弃。而这都只是因为反应，不管它是受到恐惧还是其他情绪的推动，都是胡作非为、横冲直撞。连接感和伙伴关系会再次消失。

另一方面，有意识的回应，却不受放纵的情绪的起落控制。在你对伴侣做出有意识的回应时，你的大脑的情感和认知系统都在线，并且彼此沟通顺畅、毫无障碍。在起冲突的时候，如果你和伴侣都能进入这种基于情绪和神经平衡的状态，人际沟通就可以自由流动、运转自如。这是因为你可以让情绪和理性思维指挥你的行动和你对伴侣的回应。因此，你和你的伴侣可以建立一种连接感，相处协调——哪怕是在冲突之中。不再被攻击和放弃这些不可控的反应所裹挟，你在精神和情绪上都可以灵活地评估你和对方的不同观点。

从反应到有意识的回应

从反应到有意识的回应的第一步是中断你的反应。当你发现自己陷入被动模式时，你可以使用"暂停法"来中断反应，抑制情绪泛滥。在暂停之后，一旦你恢复了平静，你可以首先回应自己的需求，然后是伴侣的。你可以用本章提供的方法，学习识别在冲突期间未被满足的需要。接下来，你将承认由冲突引起的脆弱的感情，开始滋养自己，减轻你的痛苦。最后，你会应用到镜像（mirroring）和确认（validation）这些随后会提到的沟通技巧，与你的伴侣进行强有力和有效的互动。这样一来，你就将改变你的冲突体验。如果你的伴侣也在学习镜像和确认方法，你们会有更多的共同点一起开始。然而，即使你的伴侣并不熟悉这些方法，你们的关系仍然可以从应用这些方法中获益匪浅。

用暂停法控制冲突

焦虑不仅可以带来恐惧、惊恐和紧张，还会导致你们的关系发生冲突，就像蒂姆和米歇尔的情况一样。在这个游戏中，你已经擅长识别认知、情绪和焦虑的生理指标。在这些意外发生时，你也可以熟练地应用暂停法，通过运用这些技巧，就可以回归到均衡状态。现在你可以开始运用暂停技巧，通过与伴侣的互动来缓和你的情绪反应。

练习 5-1
当你的情绪被触发，暂停一下

当你与对方互动中注意到以下这些情绪在加剧危险信号时，就是采取暂停法的时候了。

愤怒	不耐烦	不知所措
绝望	不足	惊恐

疲惫	易怒	怨恨
失败	疏离	悲伤
恐惧	孤独	羞愧
挫折	紧张	

一旦你完成了暂停法练习，你的前脑和中脑将恢复之前的沟通连接。你可以冷静地评估激发你的情绪，并采取下一个步骤：给你自己所需要的情感安慰。下一个练习会教给你如何做到这一点。

识别你未被满足的需求，并满足它们

不管你和伴侣冲突的细节为何——他说了什么还是该说什么没有说，做了什么或者该做什么没有做——你觉得受到伤害或者感到愤怒。如果你追溯其根源，就会发现其实它源自于你渴望与伴侣建立连接，而这个愿望却并未得到满足。消失的部分正是连接的特质所在：温柔、注意力、关心和一种伙伴关系——这种安心的感觉，让你感觉在痛苦中并不孤独。

那些与我们连接最紧密的，才是最有能力会伤害到我们的。我们与伴侣之间的情感联系体验是如此强大，一旦缺失就会造成深切的痛苦。往往我们认识不到，正是这种连接感的缺失，使得我们用批评、防御、蔑视或拖延来做出反应。关系专家约翰·戈特曼（John Gottman）指出，这些行为是亲密关系中的"启示录中的四骑士"（Four Horsemen of the Apocalypse）。既然你知道在对待

117

伴侣的言语或行为的激烈反应的背后是连接感的缺失，你就可以识别出导致连接破裂的特定触发点。

你会发现，尽管连接缺失非常明显，即使你渴求的需要并没有随时得到满足，通过下面的练习，你也可以恢复正常。这是一种能力建设。在现实中，没有人能时时刻刻满足你所有的需要。这种领悟可以带来一个好消息，即你可以不用完全依靠别人来完成自我安抚和确认。你可以把自我同情、自我安抚和自我认知当成礼物送给自己。在任何良好的关系中，来自伴侣的关心都是一个关键的组成部分，自我关爱却也是必不可少。你可以为自己提供一些渴望的安慰、关心和情感支持。

练习 5-2
识别并满足你的情感需求

在此练习中，你将首先确认你的情感需求，然后学习在必要时自己如何用接纳、同情和自我确认的态度来满足这些需要。

在你用这些减压方法让自己冷静下来以后，在你结束暂停法之前，可以采取以下步骤：

1. 在你们上次互动时，记住你的伴侣做了什么或者说了什么，它是如何激发你的。

2.把你的注意力从冲突本身转移到它激起的情绪上来。你可以参考前面的练习中列出来的情绪触发点，帮助你识别出现的情绪。

3.既然你已经确认了你的情绪，反思和识别你的伴侣没能满足你的潜在的需要或渴望。你可以使用下面的列表来激发你的思维。

安慰	感觉被需要	感觉有价值
陪伴	感觉受人尊敬	感觉值得
感觉有吸引力	感觉卸下负担	亲密关系
感觉想要	感觉被人理解	安全
感觉听到		支持
感觉很重要		

4.现在既然你已经确认了在互动中没有得到满足的需求，花点时间给自己提供所渴望的特殊支持。为此，就要接触你在练习3-3中学到的自己内在的理性家长。同自我内在的理性家长相接触，回想那些你照顾和关心别人的时刻。理性家长是你内在中强大的、给予你滋养的那部分：它宽容、关怀、给予支持，而不是评判、羞辱或者批评。现在想象一下，把你向别人表达出的照顾和关心，也以同样的方式来关爱自己。

5.想一句你想从伴侣那里听到的话：在你痛苦的时候，对你充满关心和爱意的回应，你想要但没有得到的。如果你愿意，你可以拿一支笔和一张纸，把这句话写下来。

6. 现在想象一下，你内在中脆弱的那部分就站在你面前。你的理性家长部分用充满爱意的、坚定的声音，静静地重复着你渴望听到的那句话。

7. 交叉双臂，拥抱自己，让理性家长安慰你感到脆弱和有需要的那部分。只要你愿意，就可以给自己以安慰。

8. 在你给予自己足够的安慰和确认之后，深吸一口气，把拇指和食指放在一起做一个"好的"手势，对自己说，我很好。通过这样做，你就创建了一个提示，可以自动再次引发来自理性家长部分的安慰和支持。并且你会明白，任何时候在你与伴侣的互动中，你都可以把你的拇指和食指放在一起，用这个提示来提醒自己，自己很好。因为你很好，你可以控制你的反应。通过这种方式你总是能够给予自己想要的关心、舒适和自我支持。

9. 现在结束暂停，你的自我关爱无需停止。你手头有大量的自我关爱的方法可供使用，你现在可以从暂停中折返，并检查你与伴侣的关系。

与伴侣开始对话

现在你已经冷静下来，也进行了自我确认，你处在一个和伴侣交流的最佳精神状态。你的基准压力水平已经返回到绿色区域，你的情绪有更为坚实的基础，你可以做出有意识的回应，而非在谈话中被动反应。因为你已经为自己提供了一些想从对方身上寻求的理解和安慰，在与伴侣讨论这种需求的时候，你就不太可能再次情绪失控，因为你将学会下一步该如何进行。

现在你得以接近对方，你就有机会修复任何发生在暂停之前的裂痕。修复过程中的第一步，就是询问你的伴侣现在是否方便交谈。与你不同，你的伴侣未见得刚经历过暂停中的自我安抚，所以当你恢复对话时，你要确保对方处于一个开放的、响应的心境中。

如果你的伴侣不觉得这是一个很好的讨论时间，那就在接下来的 24 小时内再做出决定，然后你们坐在一起继续互动。当重新对话时，确保你们双方都心态平静，你们都没有太紧张、疲劳或者精力分散，不会出现无法把注意力都集中在对方身上的情况，这一点很重要。

练习 5-3
建设性地表达你的需求

当你和伴侣确实觉得现在可以很好地进行谈话时，按以下三个步骤发起对话吧：

1. 从正面情绪入手，陈述对方身上你所欣赏的优点。

2. 分享你认为痛苦的感觉，而这种痛苦是由对方的某个行为引起的，以及由这种行为所产生的更深层的脆弱的感觉。使用以下策略进行建设性的交流：

a. 在语句中使用"我"。使用代词"我"表达你的感受和体验。

例如，"当你告诉我没什么可担心的时候，我感到沮丧。你那样说的时候，我感到如此孤独"；"在你不肯花更多的时间讨论我的问题，而是又返身坐回电脑跟前时，我觉得我们俩非常疏远，我对你如此不重要"；或者"当你说我反应过度时，我觉得很羞愧。你这样一说，我恨不得立刻消失在你眼前。"

b. 关注自己的感受，不要就你伴侣的想法或意图做出假设。比如"我知道你觉得我反应过度"，或者"我知道你认为我是强迫症"。相反，坚持你的感觉，比如"当……我想让你知道我是多么害怕。"

c. 语句要简短、亲切。如果是简洁的交流，对话的效果会更好。如果你只说两三个句子，你的伴侣则更有可能接收到你的信息；而信息过多则会让你的伴侣很难理解并不能记住你所说的话。

3. 要求对方对你刚刚分享的想法做出反馈和回应，你可以这样说，"我刚刚与你分享的想法，我想听听你的反馈和回应"。在听到你的伴侣的反应之后，使用镜像和确认方法。在与伴侣整个谈话过程中，请记住你是在使用新的对话技能，而这些，你的伴侣可能都没有。然而，你可能会很高兴地发现，在你运用了有效的沟通技巧之后，互动的基调会发生很大变化。

发展积极倾听技巧：镜像法

夫妻治疗专家哈维尔•亨德瑞克斯博士和海伦•亨特（Helen Hunt）说过，爱情的首要条件是倾听。遗憾的是，我们中的大多数人还没有培养出很好的倾听技巧。我们太沉迷于自己的思想、感情和响应，所以无法准确地听到我们的伴侣在说什么。我们常常过分关注自己，因而无法真正倾听对方。在这种情况发生时，我们就陷入了"3I误区"中：注意力不集中（inattention）、打断（interrupting）、插话（interjecting）。

注意力不集中

在你听另一个人讲话时，很自然会被头脑中的连续评论分散注意力。在你伴侣说话的时候，你可能会发现自己在思考接下来想说什么，或者思考对方说的话。你忙于对对方的观点做出评价和判断。这不利于建立一种连接感，也不利于促进你们之间的相互了解。当你倾听自己内在的连续评论时，你就听不到对方在说什么。或者你可能会听到一些，但是却会错过一些重要的点。注意力不集中往往会导致误解。更糟的是，你可能经常对这些误解做出反应，你会对伴侣所说的话做出自以为是的解读，而不加以确认，不去确保自己的解读是正确的。

打断和插话

打断和插话通常是成双成对出现的。无论你是否等到对方说完，还是在说话的中间插话，你就是直接插入了自己的思想、情绪和意见。如果你打断了伴侣，你就没给她完全倾诉的时间和空间，这与开放和接纳的目标是相悖的。不管你是忙于下结论，曲解对方的话，转换话题，或者试图重复你所认为的对方所表达的观点，你都没有考虑和重视对方的意见。如果以这种方式对话的话，你所寻求的在对话中建立连接感的愿望可能就会被摧毁殆尽。

在伴侣说话的时候，也许有些时候你没有机会表达自己的意见，你会感到焦虑。这种感觉大家都会有，特别是在你第一次开始练习镜像技巧的时候。一旦产生这种担心的时候，你要知道，你也会有说话的机会。向伴侣表达自己的反应和积极倾听他／她的观点一样重要。但是如果你跳过倾听阶段，直接思考和表达自己的反应，你就是拒绝对方获得你自己同样渴望的被人倾听的体验。

练习 5-4

镜像练习

沟通过程有两个重要组成部分，这可以给你的伴侣提供一个机会，使得他／她能够说出他／她想说的话，并且予以检查以确保你明白对方在说什么。这些都是在镜像中完成的。你仔细聆听伴侣说的话，然后通过重新叙述你认为对方对你说了些什么，借以对此进行"反思"。最后，你检查一下，确认"猜得都对"，给对方一个机会可以澄清任何你可能没注意到的信息，并且确认那些你理解正确的部分。如果你避开这三个基本步骤，误解的可能性就会增加，情绪激活增强，并重新燃起冲突。学习和运用以下三个步骤的镜像是一个简单的、具体的方式，可以避免陷入 3I 误区。

第一步：聆听伴侣。当你的伴侣在说话的时候，不要思考以下问题，以免分散你的注意力：

1. 你要如何回应；

2. 你的伴侣哪里说得不对；

3. 你的意见如何正确。

相反，培养一种好奇的态度：

1. 欢迎你的伴侣与你分享。

2. 对你的伴侣在观点中表达出的新颖和独到之处表示欣赏，
   就像你喜欢探索新奇的外国文化一样。

3. 如果你注意到你的压力在上升，做几次深呼吸或者用正方
   形呼吸法呼吸几次，然后你再继续倾听。做一些平静的呼吸
   训练，可以帮助你保持开放的心态和培养好奇心。

如果你认为伴侣所说的全与事实不符，认真地把你所有的注意力都只是放在理解伴侣所说的内容上面，这会令人沮丧。记住，纠正事实不是我们的目标。我们的目标是在伴侣试图和你沟通交流的时候，向他／她表达关注，准确地聆听。

第二步：反思。在你的伴侣结束说话之后，你可以这样做出回应："让我们看一下，我对你刚才所说的理解得对不对。你说……"然后尽可能一字不差地重复对方刚才说过的话。你可能不会复述得尽善尽美，但要试着表达出你所听到的要点。通过平静地、温柔地反思你伴侣所说的话，你就表达出你是在认真努力地聆听。

第三步：检查内容。在你认为复述完伴侣所说的内容以后，询问一下："我理解得对吗？"

良好的沟通并非证明谁对谁错，而是在于真正努力彼此聆听。镜像向你的伴侣传达出你正在做出这种努力，你仔细倾听他／她在说什么，并且想去理解他／她——哪怕你并不同意他／她的观点。一旦你这样做了，你就准备好进行下一步建设性的交流了：确认对方的观点和体验。

确认伴侣的观点

希望伴侣总是与自己保持意见一致，看待世界的观点同你一样，分享你的观点、感情和信念——这是人之常情。但这是不可能的。虽然每个人都是一个独特的个体，这使得关系充满了多样性和兴奋感，但是这也是纷争、沮丧和疏离的起因。你们有时会不可避免地起争执，甚至难以理解彼此之间的差异。通过在沟通后确认对方的观点，你会承认从他／她的立场来看，他／她的想法和感受都有道理。这并不意味着你一定要同意对方的观点，但你可以从对方的角度来看问题，并且加以确认。对你和伴侣所持的不同观点，你要给予同样的尊重。

根据心理学家艾伦·弗鲁泽蒂（Alan Fruzzetti）的观点，你要确认向你的伴侣传达了理解和接受。通过确认伴侣的观点，你要向与你不同的观点表达认同和尊重。掌握确认的关键是接受现实，你可以确认另一个人的想法和感受，哪怕你的意见与对方截然相反。这就是为什么确认伴侣的观点可能是一个挑战。认识到你的伴侣拥有与你非常不同的意见、反应、情绪和兴趣，会让你产生焦虑。你可能会害怕，害怕这意味着你错了（其实你知道你没有），或者害怕你们两个不可能在一起。相反，为了你们的关系起见，你们都需要接纳这种观点，即你们都是独一无二的、独立的个体，需要给予彼此充分的空间来表达自己的个性。"确认"承认两种对立观点可以共存，即一方不必否定另一方。这就提供了一种方法来尊重这种重要的分离感。

要实施确认也可能会特别困难，因为既然你患有焦虑，你很可能会感到身心俱疲。你可能只是想从伴侣那里获得安慰，感到不能为他／她提供确认。然而，聆听和确认这些行为可以减轻你的焦虑，把注意力转向自身之外，这是掌握你的焦虑很重要的一步。幸运的是，在同一时间它会使你们的关系产生奇迹。

练习 5-5

确认

确认的机制很简单。

1. 在你总结完伴侣的陈述，并且已经经过对方的精准确认之后（镜像的最后一步），通过以下陈述完成确认：

"你认为、感觉或者体验的_____很有道理（重申你的伴侣表达的观点）。"

"这是有道理的，因为从你的角度来看_____（陈述一下你认为支持伴侣的论证）。"

这可以让你的伴侣知道，从他／她的思维方式、过去的经验、气质和焦虑水平等来看，他／她的观点是有道理的。这样做是承认并确认了他／她的感情和思想，而你无需声称同意对方的观点。你的确认是送给你们双方的意义深远的礼物。感到被人理解是一种舒缓的感觉，可以减少愤怒，它还可以防止冲突升级。此外，随着你做出确认，你也为渴望从他／她那里收到的回报做出了行为示范。

2. 为那些你可能有意或者无心做过的，给伴侣造成了伤害的事情负责：

"鉴于＿＿＿＿＿＿＿（列出那些扰乱了你伴侣情绪的行动或言语），你的情绪是有道理的。"

为了使你在任何关系中都减少冲突，为自己的行为负责是一项至关重要的技巧。

使用"迷你暂停"来提升你的互动

即使你擅长镜像和确认，仍然很容易被激怒，尤其是在你的伴侣没有做出你想要的回应时。如果你觉得熟悉的反应性（reactivity）正蠢蠢欲动，而自己的压力水平也在上升，你要意识到你正处于远离内在平静的危险，而这种平静的内在能够促进你与伴侣之间的最佳沟通和互动。当然，你总是可以采取一个正式的暂停措施，告诉伴侣你需要这样做。然而，有时只是运用一个快速放松技巧或者练习 5-2 中"我很好"信号——一个"迷你暂停"——就可以使你的压力迅速回到绿色区域。

当你在与伴侣互动时，你可以如前所述，采取闭上眼睛转动眼球（练习2-3）和正方形呼吸法（练习2-5）等。在对话中止，轮到你做出回应的时候，紧闭眼睛、转动眼球这些动作再合适不过了。在继续谈话之前，它可以快速重启你的神经系统。当然，在伴侣说话的时候你不要这样做，因为这会被误解为敷衍塞责的姿态。在你无法中断目光接触的时候，你可以悄悄地运用正方形呼吸法，而不会把注意力从伴侣所说的话上转移。通过这种方式，你可以调整你的神经系统，而与此同时又保持与伴侣的互动。通过紧闭眼睛、转动眼球和正方形呼吸法，你可以保持有效、不反应的交流，不偏离这个正轨，充分调节基准焦虑水平，这样你就不必非得正式启用"暂停法"不可。运用这些迷你暂停可以创造奇迹，帮助减轻反应并提升有意识的回应。

总结

所有的夫妻都曾有过冲突。如果你的感情是正常稳定的，你就会明白这是一个众所周知的事实。从这个意义上来说，冲突的存在不是问题，问题在于你处理冲突的方式，它可以成就或者毁掉一段关系。协调矛盾冲突可以增强信任，增进伴侣关系和亲密感。冲突可以拆除你和伴侣曾经共享的所有的信任和亲密联系。这些方法可以帮助你在有意识回应的状态下协调冲突，从而使结果大不相同。

通过暂停，你可以识别自己的需要，进行自我确认，平息那些会加速激化冲突的强烈情绪。当你在这种平静的、有意识的回应状态下和伴侣重新开始交流，你们就不太可能彼此激怒，从而不会一次又一次被情绪淹没，失去协调连接。建设性地表达你的需要，对伴侣的体验进行镜像和确认，并使用快速自我安抚技巧促进有意识的对话，你和伴侣的互动会沿着一条顺畅的道路持续向前发展。

第 6 章

学会相互理解——建立稳定关系的核心

　　在亲密关系中，真正的连接是建立在相互理解之上的。学会用同理心交流，不仅能够让自己的心柔软下来，而且能让对方感受到关怀、温暖，从而让亲密关系变得坚固、稳定。

米歇尔和蒂姆由于厨房的水管爆裂而引发的冲突，说明他们面对日常情况存在截然不同的反应，很可能你和不焦虑的伴侣也是这样的相处模式。现在你已经学会通过日常放松疗法和暂停法减缓焦虑，你有更多的办法来控制自己的焦虑。然而，你和伴侣对待事件的不同反应，有时会继续导致你的连接感和亲密关系产生裂痕。在这种情况下，对伴侣的同情心（compassion）、同理心（empathy）和爱意会在盛怒之下消失殆尽。

当你和伴侣陷入冲突之中，对某个特定情形都各持己见时，如果对方非常明确地拒绝屈服于你的观点，你很容易会感到难过、愤怒、痛苦、悲伤、沮丧和疏离感——所有这些在冲突中出现的"不愉快"情绪——会随着时间的流逝愈演愈烈。在关系破裂期间，你要学会恢复那些显然已经消失了的感觉：同情心、同理心和爱意，这一点至关重要，尽管它做起来很难。这些感觉是连接感的核心问题，而连接感又是一个健康关系的本质。因此，哪怕在起冲突的时候，也要坚持相互尊重和关怀，这一点很重要。在这一章，你将通过练习学到如何做到这些，在你难过的时候，它们可以帮你培养和表达对于伴侣的同情心和同理心。

连接的力量

亲密关系是与生俱来的天赋。事实上，神经科学研究表明，在一个人注视着恋人的照片时，他大脑的某些区域会以一种独特的模式在发亮。这种独特的大脑激活（非常心满意足）就可以解释为什么人类的大脑会形成和保持浪漫关系。

之所以会产生这种满足感是源于两种激素的释放，即催产素（oxytocin）和后叶加压素（vasopressin），这两种激素对大脑维持浪漫关系的独特活动模式起主要作用。催产素和后叶加压素可以促使你与所爱的人生成一种强烈的情感，还能产生一种舒适感和安全感。具体点说，催产素的分泌也与减少恐惧和焦虑有关。在某些情况下，它甚至可以帮助抑制大脑的应激激素，比如皮质醇（cortisol）的分泌。因此，有意识地与伴侣保持充满爱意的思想感情的交流，有一举两得的作用：你既能激活自己追求浪漫关系的天性，又能减少焦虑。

在以下的练习中，你会学到如何随心所欲地激发爱和同情。就像你在第三章中学到的如何帮自己创建一个提示以重回安全之地，你将学习如何创建一个提示来激活负责独特的浪漫联系的大脑回路，以便在你与伴侣发生冲突的时候，引发出自己的同情心和爱意。

练习 6-1

激活爱、关怀和连接的情感

在练习 4-2 中，你已经写下了你所欣赏的伴侣身上的品质和行为。对于这个练习而言，阅读几次你以前的日志，如果还有任何你能想到的、额外的、积极的或讨人喜欢的品质，继续将它们添加到你的列表中。接下来，要么把下面的脚本录音，要么请一个朋友大声念给你听。在你完成这些准备工作之后，找一个安静的、舒适的地方，确保自己不会被打扰。然后闭上眼睛，转动眼球（练习 2-3），进行一些正方形呼吸法（练习 2-5），为下面的可视化练习奠定基础。

现在你已经安静下来，并且很放松，花一些时间来享受一下你最为欣赏的伴侣的特质——那些对你来说无比珍贵的独特的个人魅力——想想那些特质，那些行为，那些为你所钦佩，甚至觉得美妙的方面。在你回想起这些性格特质的每个方面时，都在脑海中幻化一下伴侣的形象。也许它仍然只是一个图像，一副你最喜欢的图片，也或许看起来更像是一个电影片段——都带给你一种温暖、关心和心满意足的感觉，正如你看到你的伴侣积极展现出你最喜欢的那些特点。

不管你把伴侣的形象幻化成你所需要的何种形式，注意出现在体内的任何感觉。你感到轻松了吗？你感到手上或是胃里的暖意了吗？也许你会注意到在你的脸上有一丝轻微的笑意。如果没有微笑，也许你可以笑一下：让你的嘴角缓缓上扬，弯成一个弧度——正如你欣赏爱人身上所有可爱的品质时一样——每次呼气时，让嘴唇自然地发出微笑。

为了使你更容易产生你现在如此强有力的、温暖和关爱的感觉，你可以创建一个提示，帮你自动生成这些感觉。要创建这样一个线索，可以让你的身心激活这些爱意的感觉，举起你的右手放到胸部，轻轻地把手掌心贴在你的心脏部位。在你把手掌心贴到心脏部位时，体会那种微妙的、沉稳的温暖感觉从你的心脏发出来，又在手心中聚拢。在你觉得温暖都聚拢在手心里之后，在脑海中唤起伴侣的形象，这一种形象能够引发你欣赏的所有特质。保持这个画面一两分钟，把手放到心上，享受这种同情心带来的平静的满足感。

通过对把手放在心上的感觉、形象以及随之而来的对伴侣的关心和同情的感觉的认定，你就是在训练你的大脑快速摁下重播键，这会使这些良好的感觉很快就会自动重现。所以体会掌心的这种感觉，作为你的线索，你会很容易就能引发这些舒缓的、平静的、充满关心、同情和尊重的爱的感觉。如果知道自己在任何想要的时候都可以体验这种同情的感觉，不管对方做了什么或者没做什么，你都可以获得一种释然的感觉——把你的右手放到心脏部位，汲取这种温暖舒缓的感觉。当你觉得准备好结束这个练习的时候，慢慢地从 1 数到 20，不用着急睁开眼睛。

允许反对情绪共存

"在我跟蒂姆生气的时候,他可能是拿破仑(Napoleon),也可能是吝啬鬼(Scrooge),"在厨房维修进行到第五天的时候,米歇尔跟她的同事这样说,"我可以给他安上任何恶棍的名号,这要看他做了什么让我伤心的事。我看到的都是负面的,我感受到的全是愤怒或伤害。这个时候,似乎我爱他的所有理由、我喜欢和他在一起的所有原因,在这一瞬间都消失不见了。我只看到他身上全是令我不满的东西。我感觉自己被丈夫抛弃了,已经得不到他的一点点爱和关怀了。"

当你只看到伴侣身上的消极方面时,你就忽略了全局。你也会陷入一种被动反应,而不是回应的状态,从而会使你们之间的冲突进一步升级。当然,冲突升级本身就会加重你的焦虑。

下面的练习会帮你接纳伴侣的全貌:在对伴侣做出回应时你所体验到的消极和积极的情感。无论你与谁接触,这种消极和积极的感受都是不可避免的;这给了你一个机会去接纳这两种情绪。你几乎能够同时见证这两种感觉。通过这种方式,你可以认可这些负面情绪而不必迷失其中。

练习 6-2
同时感受两种感觉

为了准备这个练习，要熟悉以下脚本，要么将其录音，要么请一个朋友或治疗师读给你听。然后去找一个安静的地方，保证自己不会被打扰，然后开始。

让我们先从消极的想法和感受开始。花点时间去思考你的伴侣。回忆一个特定的时间段，也就是你和伴侣发生冲突的时候，让所有的伤害、孤独和失望的情绪都浮现上来吧。注意任何与这些感受一起相伴而生的想法，例如，他/她对我不再有耐心了；他/她可能要离开我；我对他/她这么好，他/她怎么能对我这么冷漠？他/她怎么能这么满不在乎，漠然健忘？他/她为什么那么自私和冷漠？我告诉过他/她一千次关于我的焦虑，我们一起生活了这么久，他/她怎么还不能理解我！

现在抓住那些让人心烦意乱的情绪和想法，像它们平时爆发时的强度一样。你这样想的时候，张开你的左手。现在想象一下，你把所有的负面情绪都放到了你的左手上。想象所有这一切消极情绪都从你的头脑中流到了你的左手。现在合拢手指握紧拳头，把所有这些负面情绪密封在你的拳中。

现在，左手仍然握住这些负面情绪，有意将注意力转移到关于伴侣的正面想法和感受——深呼吸几次——每次呼气都让自己更平静一点。现在花点时间慢慢地把右手放到心脏上，张开手掌放在胸部，就在心脏跳动的上方——创建一个很容易想起伴侣的慈

人喜爱的品质的窗口——你在对方身上体会到的所有关怀、温暖
和爱的感觉。让那些温暖、温柔的感觉和随之出现的情绪以它们
固有的强度一起涌现出来。现在，想象所有的这些良好的情绪从
你的心脏直接流入你摊开的右手手心。感觉它们在手心聚拢之后，
保持这种感觉不变，把手攥成拳。

现在，你的右手里紧握着所有这些美好的感觉，所有的负面情
绪紧握在左手上，慢慢地把双手放在一起，十指相扣，手掌相触——
让所有的好情绪和坏情绪并存，在这个小小的方寸之地感受两种
并存的情绪。注意一种感觉不会消解掉另一个。或许，对于关系
中困难的部分也好，还是关系中美好的部分也罢，这都是关系题
中应有之义——你现在对这些都能接受。并且承认在某一时刻，
无论你对伴侣的负面情绪如何铺天盖地，你实际上不止有这一种
感觉。你还可以同时拥有积极的情感。在你觉得准备好结束这个
练习时，慢慢地从 1 数到 20，你无须着急睁开眼睛。

学会同理心

在练习 5-4 和 5-5 中，通过镜像和确认，你学会了如何尊重伴
侣与你不同的观点。现在你可以通过提升对伴侣的情绪体验的同理
心而增强自己引导冲突的能力。同理心是认同他人的感受的能力，
有同理心的人能设身处地体验他人的情绪。虽然你永远无法真正对
另一个人感同身受，但是你能在情绪上介入另一个人的体验。在

产生同理心时，你就在对方的情绪世界中获得了一席之地，并向伴侣传达了这种理解。夫妻治疗专家哈维尔•亨德瑞克斯博士和海伦•亨特在他们的著作《夫妻伴侣》（*The Couples Companion*）中提到，"在许多方面，同理心就像由不同的琴弦合奏出的音乐。它用共通的情感把我们聚在一起，而又让我们保持自我独立。"

正如确认一样，同理心不需要你们分享相同的感觉，甚至认同你的伴侣做事的方式。这并不是说你要放弃自己的感受或观点。相反，你是让自己在很短的时间内，在情绪上接纳对方的体验。更重要的是，正如你所学到的，当你体会到同理心时，你的身体会分泌更多的催产素和后叶加压素，提升你的舒适度和安全感，减少焦虑。在你们的关系中，同理心的程度会对你与伴侣的连接感和善意的程度产生很大影响，以及影响你整体的幸福感。事实上，培养同理心是显示、表达和巩固连接感最有力的方法之一。正如亨德瑞克斯和亨特所断言的那样，"接纳，而非抵制伴侣的体验，是与爱人建立深切连接的关键。"

到达同理心这种状态，说起来容易做起来难——尤其是在你紧张的时候，或者在与伴侣发生冲突的时候。比如说，还记得米歇尔和蒂姆因为厨房维修发生冲突的事情吧。米歇尔认为因为厨房在维修，他们需要出去吃，但蒂姆却觉得并没这个必要。蒂姆很愤怒，因为他认为米歇尔坚持无谓的花销，并且不可理喻。另一方面，米歇尔认为厨房在维修期间做饭很可能会导致食物被污染，这是让她高度焦虑的原因。她认为外出就餐是一个必需的开销，而不是无谓的浪费。蒂姆既不理解也不默许她的需要，这让米歇尔很难过，让她更加焦虑，最终无法遏制。虽然争执的起因来自于双方观点各异，但是米歇尔和蒂姆缺少对彼此的同理心，这让他们的关系陷入严重的僵局，并且使连接感产生了裂痕。

练习 6-3

让你的心柔软下来

这个练习通过软化你对待伴侣的心从而帮你产生同理心。因为你在孩子面前，比面对一个成年人更容易心软，你可以通过想象当你的伴侣还是一个孩子的时候，他／她所需要的爱、理解和支持，从而对其产生同情心和同理心。现在作为一个理智而冷静的成年人，你能够给予孩提时代的伴侣所需的滋养，你会安慰和支持那个孩子。为了使这个练习更加有用，我们建议你使用伴侣与你分享过的他／她的童年回忆。

你可以给这个脚本录音，或者请一个朋友或治疗师读给你听。然后找一个安静的空间，在你开始之前，先做一次闭眼睛转动眼球的练习（练习 2-3）和正方形呼吸法（练习 2-5），让自己放松下来。

一旦你感到轻松了，想象一下还是个孩子的伴侣——七岁或者更小。花一些时间来回想一下伴侣小时候的形象……你可能见过他／她小时候的照片，听他／她讲过小时候的故事，这些都有助于你发挥想象力。你是在哪里看到的这个孩子？在家里、在厨房、在后院还是在学校？这个孩子穿的什么衣服？他／她的姿势和面部表情传达出什么信息？一旦你找到感觉，就把这个形象在你的脑海里固定下来。想象一下这个孩子是什么样子——他/她受到了怎样的伤害——小孩子需要什么，但是在家庭中没有得到。

一旦你回忆起这些，也许你甚至可以想象，作为一个成年人，你可以怎样帮助这个孩子——当你的伴侣是如此年轻、瘦小、脆弱，而你又在场——如果你是这个孩子的父母的话。现在拉起这个孩子的手，一起去往你的安全之地，这是你每天练习日常压力预防的地方，它给予你莫大的安慰：现在它可以成为你们俩的避风港。一旦置身其中，问一下孩子想在这里做些什么。根据你的安全之地设在何处，也许孩子想去散步，也许想玩游戏、听故事或者在沙滩上漫步。或者，这个小孩子想坐在你的大腿上，在你的怀抱里放松下来——你们一起静静地坐着，寻求安全、舒适和保护。

你可以听听这孩子想告诉你什么——凭直觉感受一下他/她的需要。那个小孩子感到害怕，还是困惑、羞愧和内疚，或者渴望关怀、感情和认可？或者是这个孩子拥有太多：太多的关注、没有足够的空间；太多的许可、边界不明；太多的保护、在独立和探索方面没有获得足够支持。不管是什么，这个孩子需要安慰，需要被关注、被倾听、被接受和被理解，这样他/她才能感到安全、被需要和被关怀。你可以安慰这个小孩，用你的善良、智慧和爱去减轻他/她受到的伤害。另外再找一两次时间，感受一下对孩子的这些同情的感觉。

在你准备好了之后，做几次缓慢的深呼吸，将注意力转移到作为成年人的伴侣身上。正是你对孩子怀有的那些同情心和同理心，会使你向成人的伴侣敞开心扉——你开始更容易理解，很多来自对方的防御，这些使你非常恼火的行为都是来自童年的创伤。虽然这些行为可能仍会给你带来痛苦、伤害和挫折——现在你可以怀着更多的同情、爱、关怀、耐心和宽容对待它们。当你觉得已经准备好结束这个练习时，慢慢地从 1 数到 20，无需急于睁开眼睛。

例如，蒂姆已经告诉过米歇尔，在他小时候，他经常需要照顾母亲和兄弟姐妹。所以在米歇尔做这个练习时，她会把蒂姆想象成是一个这样的小男孩：放学回家，母亲病了躺在床上，一个蹒跚学步的小家伙需要换尿布，还有两个弟弟需要他来辅导作业。米歇尔深深地同情小男孩，她认为他必须帮家里人解决所有问题，但自己却很少能获得所需的帮助和指导。当她想象着自己安慰小蒂姆的时候，她理解了蒂姆天性中期望每个人都像他一样务实和冷静的部分——他对任何轻浮的东西都会不耐烦，不予理会。她还发现，在想象中给予小男孩安全感和关爱之时，她也获得了巨大的满足感。你可能会发现，像米歇尔一样，在把你的伴侣想象成一个脆弱的孩子之后，你对伴侣的态度会更容易从批判转向同情。

用同理心交流

在你产生了同理心的时候，你的伴侣就不再独自承受情绪的重担。调解专家和教授格雷戈里奥·比利科夫·恩西纳（Gregorio Billikopf Encina）说得好："在他 / 她充满了悲伤和痛苦，面对挑战（甚至伟大的喜悦）的时刻，我们需要带着同理心去倾听。"
你的同理心会减轻对方的压力，降低对方的防御性。以下是一些
可以增强你对伴侣的同理心的策略。

在没有产生同理心的时候，你要做些什么

诚然，同理心对你和伴侣都很有利，但是在你感到愤怒、焦虑、
紧张或者惊恐的时候，如何对伴侣产生同理心？或者当你因为对
方缺少对你的同理心而生气和焦虑时，又怎么办？你可能会想，
为什么我要与他／她共情，而他／她不用与我共情呢？即便在你生
气或愤恨的时候，要记住，改变可以从你开始。你可以创造出自
己渴望与伴侣共情的感觉，而不是等待对方先迈出第一步。同时，
通过构建你想要的关怀和支持的范式，你还可以解除紧张感，改
变互动的态势。

练习 6-4

在困难的时刻产生同理心

通过回忆对待童年时代的伴侣所持有的感情，你就会知道如何
在心里打开同理心的开关，尽管有时候你需要另外一个启动程序。
当你发现自己无法引发同理心时，就采取以下步骤：

1.承认自己的负面情绪，连同导致产生这些负面情绪的情形。例如，你可能会想，我不能忍受他 / 她总是打断我。

2.接受你的感情，而不对自己或伴侣做出评判。例如，你可能会对自己说，我讨厌他 / 她打断我。我注意到了自己的愤怒，我理解它。我接受我的愤怒与同情，我不会做出负面反应。

3.用你在练习 6-2 中创建的双手姿势这一提示，提醒自己负面情绪和正面情绪可以共存。你能感受到不耐烦和宽容、伤害和理解。

4.站在地上，运用正方形呼吸法。开始将注意力转移到正方形呼吸法所带来的放松和宁静上面。

5.最后，当你感到平静之后，让积极的情绪最先涌上来，帮你逐步接近对伴侣的同情心和同理心。

设置一个意向

我们所设立的意向有力地影响着我们的思想、态度和行为。同理心的第一步是设立一个意向，即向伴侣呈现你的情绪。这样一来，你就致力于创造一个安全、舒适的情绪环境，伴侣可以与你真诚地进行开放的交流。在这样的空间里，伴侣的情绪不仅可以被倾听，还可以持久。事实上，为对方创造这个环境的意图是表达和接受同理心的基础。采取以下步骤来设置这个意图，向伴侣呈现你的情绪：

- 闭上眼睛，深呼吸几次，深化你的中心意识，并告诉自己：我愿意接受伴侣的想法和感受，我想打开我的心扉。按自己所需可以多次重复这个意图。

- 把你的右手放在你的心上，通过这样来激起你对伴侣的同情和关爱。这是你在本章前面创建的线索，可以重新感受到对伴侣的温暖和爱意，这是在练习 6-1 中确认过的。

同理心的非言语符号

像大多数感情一样，同理心更多地是由你说话的方式而不是说话的内容表达出来的。研究表明，大多数交流都不是通过言语沟通，而是借由肢体语言——面部表情、姿势、眼球运动和手势等表达出来的。你的音调、音量和说话的节奏构成了声音表达（vocal expression）。在梅莱·肯亚（Mele Koneya）和奥尔顿·巴伯（Alton Barbour）两人合著的《胜于言说：非言语沟通》（*Louder Than Words : Nonverbal Communication*）中提到："在所有交流中，有 55% 的交流是通过肢体语言完成的，38% 是通过声音表达的，只有 7% 才是通过口头语言沟通的。所以当你向伴侣表达同情心和同理心时，你的言语和非言语符号要与你的情绪意图协调一致，这一点很重要。"

肢体动作交流

以下这些是关于有效的非言语沟通的建议，帮你向伴侣发出暗示，表明你正在专心倾听，并且关心他 / 她的体验。

- 建立和保持眼神交流，表示你对伴侣的表述感兴趣，同时在你倾听和说话的时候，身体也稍稍向你的伴侣倾斜。

- 一个温柔、善意的微笑传达出关爱，同时轻轻地牵着对方的手，或者把手掌放在他／她的膝盖和肩膀上。
- 模仿你伴侣的姿势和手势，如果不被嘲笑的话，这样可以增加融洽和同步性。积极倾听很重要，使用身体动作信号表明你与伴侣步调一致。
- 轻轻点头回应伴侣表达的某些内容，也表明你在积极关注他／她。

语言交流

下面的语言交流信号有效地表达出你对伴侣的表述的支持和欢迎。(然而请注意，如果企图夸大任意这些指标，哪怕是出于善意，也可能会产生强迫感和不真实的感觉）。

- 用你平时说话时使用的低音区的语调，声音要低，语速要慢。如果你说话音调高、语速快，你的伴侣可能觉得你是有所担心或是赶时间。调制音调（modulated tones）是最佳的，因为它们给对方提供了更多的情感表达空间。用平静的语调说话，可以在你心中创造一种平衡和平静的感觉，向你自己的神经系统发出"一切都好"的信号。
- 建立融洽的关系，让你回应的节奏、语速和音调同伴侣的讲话类似。然而，如果你的伴侣大喊大叫或者语出讽刺、贬低轻蔑，你肯定不想步其后尘。如果你的伴侣说话过于严厉或者强势，可以让自己的声音变柔和，从而转变交互的能量。

通过这种方式，你可以影响互动的语气和质量，保持你已经
建立的可接受的气氛。

- 如果你觉得自然的话，支持性的话语如"嗯哼""啊""嗯"
和"哦"都很好。你的回应让伴侣知道你在情绪上跟他／她
站在一起，同时这也是一个指标，表明你在关注他／她，同
时也在他／她的情绪体验中投入了情感。然而，只有在当下
真情实感地使用这些同情性的话语，它们才是建设性的。没
有什么比装腔作势的"哦"或"嗯"，更容易让你的伴侣觉
得你根本无意建立连接感了。

充满同理心的口头语言

充满同理心的言语反应的关键在于，要有能力与伴侣进行言
语交流和非言语交流。就像你需要注意你的肢体动作和声音的语
气交流，你也需要观察来自伴侣的非语言暗示。记住，重要的不
仅是你的伴侣讲述的内容，还有他／她说话的方式。如果你只注意
到伴侣的讲话内容，而忽视其中蕴含的情绪表达，你自己的言语
反应可能就会离题。

在伴侣和你说话的时候，注意体会一下他／她的情绪体验。只
要你不自行做出假设，其实这很好猜。在伴侣停下来之后，尽力
做出最好的猜测，并询问对方你理解得是否正确。你要知道，你
在乎自己的猜测是否正确——这一点也是衡量你是否真正渴望了
解对方的另一个指标。

- 使用以下的语句,比如"我可以想象你觉得……""……这对你来说一定很难" 或者"我能感觉到你可能感觉……"这些都表明你在倾听,但并不明确懂得对方的感觉。
- 接下来,在评论中间做一个确认,比如"这能引起你的共鸣吗?"或者"你觉得合适吗?"这给你的伴侣提供了一个澄清以及详细陈述的机会。

通过大胆猜测之后再加以确认,你就向伴侣表明你试图了解对方的情绪体验而没有自以为是,强加理解。记住,同理心就是,在他 / 她表达任何思想和情绪体验的时候,都与他 / 她站在一起,而不是分析、不是解决问题、不是修复关系。你很容易介入事件之中,并通过提供一个不同的视角而提出解决方案或做出保证。然而,当你这样做时,你不再和伴侣共享情感体验。很多时候你的伴侣介入进来提供解决方案的时候,你很可能只是想被倾听和获取支持。坚持做出简单的猜测和确认,你就给伴侣提供了分享共同体验的机会。

总结

当你和伴侣发生冲突时,爱、关怀和温暖的感觉就会消失。学会产生和表达同情心和同理心,即便在冲突中,你也可以保持这些情感流动不居。在这一过程中,即使你不同意伴侣的意见,疏离感和孤立感也会消失不见。你们关系中的益处——伙伴关系、关心和连接——不会因为你们陷入争议而消失。同情的感觉会弱化你的愤怒和伤害，减缓焦虑的增长，并使你与伴侣身上惹人喜爱的品质建立连接。通过产生和表达同理心，你和你的伴侣就在一起克服分离感和对立的感觉。就是从这里开始，富有成效的、充满爱意的对话可以同时解决冲突和增加亲密感。

第三部分

在亲密关系中收获成长

第 7 章

从互有好感到相互依存

建立良好的依存关系能够给双方带来持续的情谊和安全感。健康的依存方式是既不过分依赖，也不过分独立，这样的相处方式才能美好、持久。你可以通过训练自己的身份灵活性，来发展出健康的相互依存关系。

安妮塔 (Anita) 从邮箱旁走回室内，有一个信封引起了她的注意。这是写给她丈夫的信，寄件方是一个医疗实验室。安妮塔立刻感到她所熟悉的恐惧和焦虑开始飙升。这些也是一连串常常困扰着她的事情：迈克 (Mike) 没有告诉我有关实验室的事情。他向我隐瞒了什么？他真的病了该怎么办？如果他得了癌症怎么办？

认识到自己的焦虑被触发之后，安妮塔规劝自己，并且径直回到自己的家庭办公室，去做了一个短暂的暂停法：我无须大发雷霆，我的许多恐惧只是来自我的夸大。我没有切实的证据证实现在迈克得了重病。我只知道他做了一些测试，仅此而已。现在我真正需要做的是冷静下来。暂停法之后，我将找出方法与迈克商谈。但是在自己冷静下来之前，我不能做任何事情。

安妮塔结束暂停法之后，她的焦虑水平已经有所缓解。理性的前脑能够正常运转，她记得要等到她和迈克情绪上平静之后，再进行这个艰难的谈话。因为晚餐对于迈克来说是下班后第一次有机会放松下来，安妮塔决定等到晚饭后再询问医疗测试的事情。

当晚餐结束之后，安妮塔再次启用她新掌握的沟通技巧。她并没有立即表述她的担忧，而是询问迈克是否愿意倾听她的一些想法。他同意了。

"今天你有一封从医疗实验室寄来的账单，就是去年我抽血化验的那个地方。发生什么事了？"

"没什么。"迈克实事求是、平静地答道。看到安妮塔期待自己说下去，他继续谨慎地说道，"真没有什么好担心的。我的背有一些疼，所以去看了医生，而这个医生恰好主持一些实验室工作。原来我的肾有一点儿轻微感染，他给我开了一些抗生素——就是这样。一周前我的抗生素吃完了，如今我的身体完好如初。一切都结束了。我以为我给的是办公室地址，很抱歉让你看到了账单。真没什么可担心的。"就像许多伴侣也患有高度焦虑的人一样，迈克避免跟安妮塔推心置腹、知无不言，因为他知道这会引发她的焦虑。

　　"我理解你为什么会这样，"安妮塔柔声道，"如果是一年前，你这样做绝对是正确的，我绝对会忧心忡忡、无法自拔。我会惊慌失措，害怕自己会失去你。之前，我会在你工作时间打电话给你，要求你给我一个解释；而你则不得不停下手上一切工作，一直要说服我。"

　　"你知道了我为什么不敢告诉你任何东西的原因。"迈克似乎缓和了一些，"我爱你，亲爱的，我再了解你不过了。我不打算这样做，没有理由让你担心。"

　　安妮塔把迈克的评论仔细琢磨了一会儿，结合她所学到的关于沟通的技巧，她想向迈克表达对其处境的同理心："听到你说不想让我担心，我很感激你的体贴。确实是这样，今天拿到账单时，我的第一反应就是惊恐，但是现在我有方法让自己冷静下来。我想表达的是，"安妮塔继续说道，"我希望你现在能告诉我这些事情。你无须因为觉得我会情绪失衡而试图说服我，也无需向我隐瞒什么。我知道在过去我一直依赖你，而每次我烦躁不安的时候，你都稳如磐石。但是现在我不想这样继续下去了，这对我来说不好，对你也没有好处。"

安妮塔面对她的焦虑不再无能为力，她已经准备好在关系中成长和转变。她发现，当伴侣中的一方心怀焦虑而另一方并没有的时候，就会出现一个常见的动态：一方变成了"磐石"，试图保护焦虑的另一半。在这种动态下建立起来的关系纽带可以非常牢固。考虑到我们的文化中有关浪漫关系的一些观点，这种类型的纽带甚至看起来可能更为理想。然而，这种过度依赖对方的关系，虽然表面看起来稳定，但其实远非理想状态。

揭穿浪漫的神话

你可能听说过一首国际流行歌曲《没有你》（*Without You*）。这首歌是摇滚乐队"坏手指乐队"（Badfinger）的佩特·汉姆（Pete Ham）和汤姆·埃文斯（Tom Evans）在 20 世纪 70 年代创作的，已被众多的艺术家翻录。玛丽亚·凯莉（Mariah Carey）在 20 世纪 90 年代中期重新翻唱了这首歌，她引吭高歌，大声唱出了那些著名的歌词，淋漓尽致地表现了一个特殊的人在你的生活中消失之后的绝望和无奈。这首歌清晰地表达出一个有关浪漫爱情的流行概念：浪漫情缘是各种形式的一个融合，两个个体走到一起凑成一个整体。在卡梅伦•克罗（Cameron Crowe）1996年执导的电影《甜心先生》（*Jerry Maguire*）中，蕾妮•齐薇格（Renée Zellweger）饰演的人物多萝西（Dorothy），向汤姆•克鲁斯（Tom Cruise）扮演的甜心先生（Jerry Maguire）表达她的爱慕："是你使我变得完整"。在这个流行的浪漫观点中，每个情人都是不完整的。浪漫关系使得两个不完整的自我团结合作，亲密无间，一起在这个世界上生存，而这种能力是单独的个体所缺乏的。

歌曲《没有你》、莎士比亚的剧作《罗密欧与朱丽叶》（*Romeo and Juliet*）以及许许多多的浪漫电影都传达出这样一个信息，即浪漫关系一旦终止，就等同于自我的消亡。"我不知道，如果没有你我会是谁""我不知道没有你我能做什么""我不知道没有你，我要如何活下去"，甚至还有更戏剧化的"失去你，我也不能独活"——这些都是情人表达对彼此的深爱、承诺和激情最常见的方式。但这种类型的爱，这种强大、包罗万象、相互依赖的情感融合，无比珍贵的真爱的顶峰，并非一切。事实上，《罗密欧与朱丽叶》的理想是，不再理想化。

依赖的连续性

在浪漫关系中，伴侣之间的依赖程度是处于一个连续体中的，一端是过度依赖(overdependence)，而另一端则是极端独立(extreme independence)。这两个极端之间的中间地带是健康的相互依存（interdependence），这是我们鼓励夫妇力图实现的动态目标。待在这个中间地带中，你的亲密关系将极大地增强你的幸福感、满足感和安全感，而不会减少你的自我意识。

依靠自己会提升你的连接感、和睦感和幸福感，也可以阻止关系滑向过度依赖。同样重要的是，有时依靠伴侣会带来一种幸福感、安全感和熨帖的感觉，它能阻止关系摇摆向另一个极端，即极端独立。健康的相互依存存在于以下两种不同情绪的中间："我不知道没有你，我要如何活下去"（过度依赖）以及"我不需要你为我做任何事情"（极端独立）。健康的相互依存存在于以下情绪中："我有与生俱来的能力，可以过一种有意义和充实的生活，然而因为有了你的陪伴，我的生活变得更加精彩。"正如下图所示。

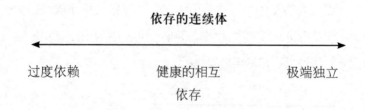

依存的连续体

过度依赖　　　　健康的相互　　　　极端独立
　　　　　　　　依存

焦虑和依赖的连续性

如果在一段关系中出现了高度焦虑，伴侣之间的态势往往就会转向过度依赖。在学习暂停法和日常压力预防这些可以控制焦虑水平的方法之前，你会很自然地向伴侣寻求力量、慰藉和稳定，而这些都是慢性焦虑从你身上偷走的品质。然而，当你依靠来自伴侣的情感支持，而不是依靠自己的内部资源来调节焦虑时，你就使得伴侣——而不是你自己——要对你的情绪健康负责。在这个动态下，关系纽带就会变得过分依赖。

现在并不是说，你不应该倚仗来自伴侣的情感支持。事实上，健康的、相互依存的关系的标志之一，就是伴侣中的一方能向另一方寻求安慰。通过使用本书提供的方法，你可以实现相互依存关系的另一个特点：有能力管理自己的焦虑，并可以带来更强烈的个人力量和弹性。当然，你和伴侣的关系也是安心和舒适的源泉。一个成功的关系会在个性和相互关系之间实现巧妙的平衡。这是相互依存的、健康的中间立场的关键。

在最佳的场景中，你不能一处于焦虑状态就跑去找你的伴侣，期待让他／她来说服你。事实上，期望伴侣说服你，会使得你们的关系处于危险状态之中。即使你足够幸运，选择的伴侣始终能让你平静下来，你们双方也要为此付出不菲的代价。你剥夺了自己发展自我安抚和自我确认的技巧，以及了解自己的优势和能力的机会。

高度焦虑也会促使你和伴侣在分享任务和责任时相互依赖。你可能会回避任务、情况或活动，比如不去超市购物，甚至无法从事全职工作，因为它们可能会触发你的焦虑。你的伴侣可能愿意保护你免于焦虑，从而不得不收拾烂摊子：为了弥补你的焦虑，应允所有的超市购物，或者成为家庭主要的经济支柱。这些看起来虽然无害，但依靠伴侣而不是自己发展技能克服焦虑，你就是让焦虑支配你和伴侣的生活。这是过度依赖的结果。

分享家庭责任的关键是利用每个人的优势。也许你喜欢做饭，而你的伴侣既没有能力也没有多大的欲望收拾除了罐头汤和冷三明治之外的东西。你们可能会决定，大部分时间都由你负责做饭，而你的伴侣负责清理。在这种情况下，你的长处，而不是你的焦虑，为这个简单的分工指明了方向。你和伴侣可以通过询问这个问题，即"我们要如何资源共享，才能最大程度地满足我们个人和共同的需求"，从而成为相互依存的典范。这与分配责任以弥补你的焦虑完全不同。

过度依赖的后果

既然相互依存的关系有很多好处，为什么这么多夫妻——尤其是一方患有高度焦虑的夫妇——会不知不觉地陷入过度依赖的泥淖之中？一段过度依赖的关系会产生很多后果。首先，关系的焦点——释放一方的焦虑——是狭隘刻板的，不过反常的又是，这又使得关系变得稳定和可预测，缺乏灵活性会使得关系保持一致。此外，在很大程度上，对方会让人深感满意（记住《罗密欧与朱丽叶》的神话关系）。也许你的伴侣会给予你孩提时代没有得到的照顾和滋养；或者这种照顾关系概括了你从一个焦虑的伴侣那里受到的过度保护。依赖伴侣的感觉确实可以很好。

采取行动：促进相互依赖的练习

虽然这样会感觉安全舒适，但是要避免那些会让你陷入恐惧的想法。它也会让你和伴侣在某一个时刻，在有关谁向谁提供支持方面固执拘泥，因为彼时往往是你的焦虑占据了舞台的中心位置。接下来的三个练习，将帮你朝着与伴侣之间的相互依存做出一个积极转变。

练习 7-1

相信自己很好

转变关系动态的第一步是：你现在需要加强安全感。在每个转折点都会担心出现危险——完美主义和专注未来——都会增大你的焦虑，让你困在过度依赖的交互模式中。在任何特定的时刻，学会相信一切都会给予你弹性、内在力量和坚定的感觉，从而会促进健康的相互依存。为了实现这种韧性，我们将重新审视和加强在练习 5-2 中创建的"好"这一姿势。为了准备这个练习，要么把以下的脚本录音，要么请一位朋友或治疗师读给你听。然后留出 10 到 15 分钟，找一个安静、舒适的空间，确保自己不会被打扰。当你准备开始时，闭上眼睛转动眼球（练习 2-3），做一些正方形呼吸练习（2-5），并接着进行以下可视化练习：

每次呼气时，让你的思绪游荡，进入一个越来越深、越来越安静的内心境界——在那里，你的思绪逐渐变缓——就像你压根不做任何思考一样。你越是放松，你就越能享受你内心世界的平静。在这种寂静之中，你知道自己是平安无事的。在这一刻——就在此时，就在当下——一切都好。

　　也许你能注意到，你现在已经比几分钟前感觉更平和、更安宁。现在花点时间允许一种平静的感觉流过你全身和周围。现在，你唯一需要考虑的就是这种越来越放松的舒适状态。这是一个很好的来记住这种良好的感觉的时机——也许甚至比良好更好。现在，再一次，你可以做出"好"这个姿势，这会在你需要的时候自动引发这种状态。现在你可以把你的大拇指和食指捏在一起形成"好"的姿势，创建这个线索。在你感到手指碰触在一起之后，记住，你就真是好的。

　　继续保持你的大拇指和食指的位置不变，与此同时想着这句话"我很好"，想三遍。即使你大脑中还有一部分怀疑这并非完全正确，想一下这些话还是很重要的。在你想着这个单词，并且做出"好"这个姿势时，你就为你现在正在经历的幸福感创建了一个提示。以后每当你把大拇指和食指捏在一起的时候，你就会知道自己很好。

　　因为只要你感觉好了，你就很容易承认自己的力量，相信自己有足够的资源来管理自己的恐惧。相信你自己内在的智慧会成为第二天性。你会获得一种感觉，觉得自己有能力——能够对生活的要求做出回应——有时还可以邀请你的伴侣来给予你支持——

而且接受伴侣的支持而不对它产生依赖。知道自己很好可以改变你和伴侣的关系。现在分开手指，放开"好"这个姿势，但保留出现的良好感觉。当你准备结束这个练习时，知道自己完全可以召回这种良好的感觉，你就可以慢慢地从 1 数到 20，然后不用急于睁开眼睛。

花一分钟回过神来，慢慢地睁开眼睛。

练习 7-2

促成角色的灵活性

如前所述，处于相互依存关系中的夫妻证明，在两种极端的状态下，都无法找到角色的灵活性。亲密关系中的角色应该根据情况和压力源的变化而变化，而不应该是一方一直坚如磐石。你可以自由地享受在多个角色中转换。

除了保持角色的灵活性，相互依存的伴侣还认识到，在亲密关系之外，拥有有意义的人际关系也很重要。与朋友和家人之间的关系为你们提供了一个至关重要的支持和满足感的源泉。作为一个孤岛，关系无法繁荣发展。你的亲密关系不是你唯一的支持手段，这一点至关重要。这是角色灵活性的另一个组成部分。

在这个练习中，你会想象自己在一系列关系中扮演多重角色。首先，你需要纸和笔，或者，如果你愿意的话可以用电脑。写下或者输入你对于提示的反应是很重要的，因为身体动作可以帮助你梳理想法，与只做简单思考是不同的。此外，你可以用这个练习中写下的答案完成练习7-3，所以一定要保存你的日志，供随后使用。

一旦你准备好了，关掉手机铃声，找一个舒适的地方，确保自己不会被打扰。集中精力，做一些正方形呼吸练习（练习2-5）。在你放松时，复制下面的提示，并以具体的细节回答问题。

我可以给自己的方式＿＿＿＿＿＿＿＿＿＿＿＿＿＿＿＿＿＿＿＿

安慰（例如，参加瑜伽课程）：＿＿＿＿＿＿＿＿＿＿＿＿＿＿

放松：＿＿＿＿＿＿＿＿＿＿＿＿＿＿＿＿＿＿＿＿＿＿＿＿＿

确认：＿＿＿＿＿＿＿＿＿＿＿＿＿＿＿＿＿＿＿＿＿＿＿＿＿

欢乐：＿＿＿＿＿＿＿＿＿＿＿＿＿＿＿＿＿＿＿＿＿＿＿＿＿

我的朋友和家人可以提供给我的方式＿＿＿＿＿＿＿＿＿＿＿＿

舒适：＿＿＿＿＿＿＿＿＿＿＿＿＿＿＿＿＿＿＿＿＿＿＿＿＿

放松：＿＿＿＿＿＿＿＿＿＿＿＿＿＿＿＿＿＿＿＿＿＿＿＿＿

确认（例如，如果我感到担心的时候，会给一个可信赖的朋友打电话）：＿＿＿＿＿＿＿＿＿＿＿＿＿＿＿＿＿＿＿＿

支持：＿＿＿＿＿＿＿＿＿＿＿＿＿＿＿＿＿＿＿＿＿＿＿＿＿

欢乐：＿＿＿＿＿＿＿＿＿＿＿＿＿＿＿＿＿＿＿＿＿＿＿＿＿

陪伴：＿＿＿＿＿＿＿＿＿＿＿＿＿＿＿＿＿＿＿＿＿＿＿＿＿

我可以向伴侣提供的方式＿＿＿＿＿＿＿＿＿＿＿＿＿＿＿＿＿＿

安慰（例如，按摩）：＿＿＿＿＿＿＿＿＿＿＿＿＿＿＿＿＿＿

放松：＿＿＿＿＿＿＿＿＿＿＿＿＿＿＿＿＿＿＿＿＿＿＿＿＿

确认：＿＿＿＿＿＿＿＿＿＿＿＿＿＿＿＿＿＿＿＿＿＿＿＿＿

欢乐：＿＿＿＿＿＿＿＿＿＿＿＿＿＿＿＿＿＿＿＿＿＿＿＿

陪伴：＿＿＿＿＿＿＿＿＿＿＿＿＿＿＿＿＿＿＿＿＿＿＿＿

同情：＿＿＿＿＿＿＿＿＿＿＿＿＿＿＿＿＿＿＿＿＿＿＿＿

欣赏：＿＿＿＿＿＿＿＿＿＿＿＿＿＿＿＿＿＿＿＿＿＿＿＿

我希望伴侣提升（而非创建）我的……感的方式＿＿＿＿＿＿＿＿

舒适：＿＿＿＿＿＿＿＿＿＿＿＿＿＿＿＿＿＿＿＿＿＿＿＿

放松：＿＿＿＿＿＿＿＿＿＿＿＿＿＿＿＿＿＿＿＿＿＿＿＿

确认（例如，即便他／她本身并不担心，但是他／她能理解我
的担心，而来与我沟通）：＿＿＿＿＿＿＿＿＿＿＿＿＿＿＿＿

欢乐：＿＿＿＿＿＿＿＿＿＿＿＿＿＿＿＿＿＿＿＿＿＿＿＿

陪伴：＿＿＿＿＿＿＿＿＿＿＿＿＿＿＿＿＿＿＿＿＿＿＿＿

同情：＿＿＿＿＿＿＿＿＿＿＿＿＿＿＿＿＿＿＿＿＿＿＿＿

练习 7-3

享受新的灵活性

考虑扩大角色的范围和做起来感觉舒服是两码事。仅仅是考虑到采取行动在这些关系中树立新角色就有可能带来很大的不适。改变可能让人不舒服，特别是当你要放弃——你的伴侣无时无刻都要稳如磐石，充当你的定海神针——尤为如此。这个练习可以帮助你通过扮演关系中的各种各样的角色而体验到一种满足感。这个过程是如此简单，简直是有趣和可笑的。

在脸上浮现一个微笑，可能是向大脑发送信号的一个最简单的方式："一切都那么清晰，一切都很好。"科学家发现，我们可以通过微笑把感觉良好的消息传递给大脑。简而言之，微笑的感觉很好。研究员罗伯特·苏斯南（Robert Soussignan）发现，微笑与自主神经系统兴奋的"感觉良好"模式有关。你会记得从第二章起，许多令人不快的生理感觉都和焦虑有关，而焦虑性自主神经系统兴奋要为此负责。

微笑会使你的身心感到放松。此外，研究员和心理学家罗伯特·扎乔克（Robert Zajonc）和同事们的研究表明，微笑时，面部肌肉的收紧和放松，可以使得流向大脑的血液温度降低，从而更易于调节情绪。微笑时，无论是发自内心还是随意为之，好处都会随之出现。在这两种情况下，微笑都会向大脑传递信号，即你是舒适和快乐的。因此，即使微笑起初是迫于无奈，一旦你在其中投注了感情，微笑就有了自己的生命。舒适和快乐会成为你自己的。当然，在你舒适和快乐时，更容易冒险，更富有灵活性，依赖性减少。

这个练习使用可视化再加上微笑，加强你对之前所有练习的反应。每一个步骤都花点时间考虑，通常需要几个时段来完成这个练习。对每个场景（比如"我能给自己提供安慰的方式"）来说，都执行以下操作：

1. 读出你写下的回应。
2. 把你的答案转换成场景，设想你看到自己正在做或者接受你写下的行为。仔细想象一下你正置身何处，和谁在一起。调动你的一切感官来激活这个体验：注意你听到的声音、你闻到的气味以及你体内的感觉。

3.当你沉浸在这个影像片段的体验中时，深吸一口气，让自己做一个悠长、缓慢的呼气。呼气结束时，脸上浮现微笑。

4.当你观看影像片段时继续微笑，即使起初不是发自本心的。提醒自己，微笑这个简单的动作是如何影响你的情绪状态，并产生积极情绪的。即使你无法立即注意到情绪的转变，你可以相信，你的笑容在向大脑发送积极信号，可以帮助你真正享受和接纳在你脑中想象的场景中的角色。

5.在你保持这个形象（连同你的笑容）一两分钟之后，让这个场景消失。随着这一景象消失，你可以保持这种积极的体验带来的满足感和自由。

在你完成所有的场景之后，你可以重复任何你发现最有帮助的片段。

总结

在一段关系中，发展并保持健康的相互依存是一门艺术。还记得那封来自医疗实验室的信吧，那一度曾让安妮塔手足无措、焦虑不安。在危机模式下，她不得不依靠迈克使自己平静下来。随着安妮塔能够更好地容忍自己的焦虑，甚至能够控制它，她和迈克的关系变得更成熟了。当她变得不那么依赖迈克，他们的情感连接就加深了。迈克发现，他非但不再只是简单地作为安妮塔的力量源泉，反而在他自己脆弱的时候，可以去寻求对方的帮助。由于安妮塔管理焦虑的能力日益见长，他们关系的所有方面都变得更强了。

就像安妮塔和迈克一样，随着你能不断管理自己的焦虑，并放弃那些幻觉——即两个不完整的自我构成一个完整的个体——你和伴侣会变得越来越亲密，更加相互依赖。此外，当你们的角色变得更加灵活，彼此相信、彼此期待，就会形成健康的相互依存的关系。

第 **8** 章

从感性多变到理性稳定

　　亲密只有从感性阶段步入理性阶段，才能够真正变得有益、充实、稳定，达到亲密关系的顶峰。理性关系中充满了相互欣赏和感恩，你可以通过培养自己的感激之情，来发展出理性的亲密关系。

在一段充实、有益的浪漫关系的顶峰，有一个重要的组成部分：健康的相互依存，而这种浪漫关系就是理性关系。在这一章，我们将向你解释如何将健康的相互依存的关系融入一段更为广泛的理性关系中去。理性关系本身不可能简单地一言以蔽之。相反，它是许多因素的一个集合，可以共同促进情感亲密的氛围。简而言之，它将健康的相互依存提升了一个台阶。本章涉及了理性关系中的关键组成部分，传输一些可以实现理性关系的知识和技能：改变你的态度，改变你的行为，改善你们的关系。

支持理性关系的态度和想法

要想步入一段理性关系，就涉及一种范式转换，即转变你与伴侣之间的关系以及你对关系的定位。其实，你是在通过改变态度和想法来重新定义婚约规则（the rules of engagement），以使其支持那些你忠实的东西：一个健康和稳固的关系。你对下面的态度思考和表达得越多，你就越容易转变自己的行为，帮助自己创建一段理性关系。这一部分阐述了支持这一转变的三个角度：在"不完美但足够好"的关系中寻找满足感，放弃对正确的需要，放弃对公平的幻想。

在"不完美但足够好"的关系中寻找满足感

"有一天我的王子会出现"几乎是每个小女孩在某个时间段都会产生的一个幻想。现实情形是，这世上真正的王子（公主）很少。即使你发现自己真的与梦中情人在一起了，相处中也难免会有磕磕碰碰。一个严酷的现实是，当你置身于一个长期关系之中，你不可避免地会体验到幻灭感。你会发现你的王子或公主并不完美，而这是你在求爱过程中没有意识到或者忽视了的。如果你期待完美，你肯定会感到失望。如果你的期望值和现实之间的落差非常大，你甚至可能会慢慢陷入绝望之中。事实上，每一位伴侣和每一段关系都有缺陷。能否在你的亲密关系中寻找到满足感，与你接受甚至是悦纳这些不完美的能力直接相关。在一种有益和成功的关系——理性关系中——你和伴侣之间的连接感并不需要完美，只要足够好。

正如你记得从第四章起，协调关系的体验以及与伴侣之间的深切情感共鸣，对一段亲密关系来说至关重要。然而，协调关系并非是恒久不变的。即使是在最好的关系中，这种关系也不免会破裂，伴侣之间互相不同步。在对母子之间的协调关系的起起落落进行了观察之后，英国精神分析学家唐纳德·温尼科特（Donald Winnicott）创造了"足够好的母亲"（the good-enough mother）这个词。据他观察，如果母子之间的情绪体验能够协调一致，并且在连接破裂时能加以修复，就能产生健康的情绪滋养。完美的母亲是不可能的，事实证明也是毫无必要的。成功的母亲是"足够好的母亲"：能犯错误、能渡过关系破裂后的困难时期，然后与她的孩子重新建立连接感。

我们可以用温尼科特对母子关系的研究结果来看待亲密关系。你的伴侣"足够好"，你们的亲密关系也"足够好"，尽力在这种关系中寻找满足感吧，而不要奢望完美关系。要接受这样一个现实，即你和伴侣很自然地会在协调关系中起起落落，你可以创建一个环境氛围，让你们都觉得放弃对完美的期望是安全的。你知道你会有失误，你们会起争执。你会觉得不被倾听，不被理解，你会感到沮丧。这是任何持久的亲密关系的问题中应有之义，正如那些由此产生的不安情绪一样。当破裂发生时，你们的关系并没有结束，只是协调关系暂时中断了。

在理性关系中，你会承认并接受这些破裂带来的不适感，并且知道自己有方法（如暂停法和自我确认法）可以忍受这些艰难的情绪，并且有沟通技巧来修复连接。在这种情形下，你们都给予和接受一份礼物，即一个人无须因完美而被爱。足够好就可以了。

为了帮助你建立这样一种态度，你可以对自己重复声明：我明白，我的伴侣永远不会是完美的，我欣赏这个足够好的伴侣和这段足够好的亲密关系。

放弃对正确的需要

要想享受理性关系，另一个关键的态度就是接受这样一个值得注意的事实，即你无须总是正确。事实上，坚持正确是与理性关系中的合作精神相悖的。确实，它经常能激发起对方同样的固执。在 18 世纪 70 年代，新西兰作家和艺术家彼得 •T. 麦金泰尔（Peter T. McIntyre）曾有此睿智之语："自信不是来自永远正确，而是来自不怕犯错。"愿意承认错误使得理性关系成为可能。

治疗师经常会询问处于争执中的夫妻来访者："你是想坚持自己是正确的呢，还是想维系一段关系？"虽然你可能会回答你想要一段关系，但是你的行为有时却反映了你更希望自己是正确的。比如在与伴侣谈话时，你是否一意孤行，坚持自己的观点是对的？放弃坚持正确的需要，即使只能同意那些你不同意的观点，这是理性关系中一个最基本的技能。

为了强化这种新态度，你可以对自己重复声明：因为我看重我们的关系，我放弃总是正确这一需求。

放弃公平的错觉

在第七章中，我们讨论了共享和分派责任的重要性。这是理性关系中一个重要组成部分。然而，如果你过于拘泥公平原则（fairness），即你们每个人都必须承担完全相等的份额，你最终会郁积很多怨恨和不满。很少有完美的公平，对此孜孜以求难免会失望。分享责任的关键是允许灵活性、慷慨和一种伙伴关系。

为了强化这种态度，你可以对自己重复声明：因为我想要一段理性关系，我放弃凡事都总是要争个对错。

支持理性关系的行为

一个流行的谜语提出了这个问题：三只青蛙正蹲坐在一个圆木上，一只青蛙决定跳下来，那圆木上还剩下几只青蛙？如果你回答"两只青蛙"，那就还要再三思一下：答案取决于那只决定跳下来的青蛙。决定去做和实际上去做是两回事。通过采取在上一节中阐述的想法和态度，你就已经做好准备采取行动，投入到一段理性关系中去。其实，正确的态度是至关重要的，因为它们给你提供了必要的基础来支持你采取行动。然而，在这一节中列出的行动提供了最后的步骤——飞跃——朝着你所渴望的理性关系前进。

避免在沟通中造成伤害

理性关系中一个重要组成部分是，双方都要意识到语言是一把双刃剑，既能对人造成伤害也能给人以抚慰。一位有着 60 年婚龄的老妇人被要求分享婚姻成功的秘密。她回答说："我每天至少三次都会保持沉默，不说话。"你没说出的话和你所说的话，对你的亲密关系会造成同样的影响。

明白向对方吐露多少、保留多少是理性关系的一个标志。在第四章和第五章中，你学到了很多技巧来帮助你回应伴侣，而不只是自发地反应；你们进行建设性的对话，确认伴侣的情绪、产生同理心，并且允许彼此观点不尽相同。接下来你需要学习的是如何确定何时避免向伴侣吐露心声。

如果指责或批评的动机给你们的沟通蒙上了阴影，那么坦陈你的想法则会造成伤害，引发冲突或者关闭伴侣的情感接受能力。苛责、负面的沟通虽然确实也是倾诉的形式之一，但却不是理性关系的一个方面。事实上，研究表明，它会对你们之间的关系造成永久性的破坏。研究员、人际关系专家约翰·戈特曼确定了亲密关系的四个行为模式，它们能预测关系是否会以破裂告终。他把这些预测称为"启示录中的四骑士"，其中一个是来自伴侣彼此之间的批评和谴责。

　　记住这个告诫，在你肆意口无遮拦之前，一定要确认你的动机。如果你的动机包括下面所列举的任意一条，如果你也想让你们的关系持久发展，更为明智的做法是保持缄默：

- 批评
- 指责
- 羞辱
- 贬低
- 蔑视
- 避免自己遭到羞辱

　　避免语出嘲讽并非意味着不倾诉或者隐瞒相关信息。在盛怒之下保持缄默，随后用你所学到的沟通技巧与伴侣进行互动，你就能够加强信任和连接感，而这些是构成一段理性关系的组成部分。

在你的焦虑受到抑制后，你会发现在缄默中产生满足感。你会注意到，它不仅会对你的亲密关系产生积极影响，你也会从中体验到自我约束和自我控制所带来的满足感。

为了强化这种保持沉默的意图，你可以对自己重复声明：在我做了几个舒缓的呼吸之后，我发现能更容易地抑制做出评判的冲动了。

运用你的内在智慧

能够汲取内心智慧，并遵循其指示行事，这是一段理性关系中的一个组成部分，它同协调体验和角色的灵活性有关。在练习7-2和7-3中，你学到了你和伴侣可以在你们的关系中扮演多重角色的意识，然而你如何能辨识出什么时候该扮演什么角色呢？你怎么知道什么时候该给予支持，什么时候又该寻求安慰呢？答案在于，发展运用你内心的智慧能力。在这一过程中，要学会甄别，将内在智慧的声音同受到出于恐惧的需求的冲动和欲望区分开来。

恐惧是一种强大的动力，它能影响你的行为和感知到的需求。当你完全受制于焦虑时，恐惧会淹没你理智内心的声音。然而当你持续进行日常压力预防和暂停法训练时，你会发现恐惧会失去对你的控制，你将有更大的机会倾听内心的声音，能超越基于恐惧的自我引导。在你不为恐惧所蒙蔽时，你就能更好地倾听直觉的、内在的声音，能捕捉到对方的情绪，帮助你了解伴侣的需求，并做出回应。在理性关系中，伴侣双方都可以从这个直觉的内在智慧中汲取力量，来满足彼此的需求。如果能倾听内心的智慧，并愿意以之指导自己的行为，那就很容易在这些角色中恣意转换，毫不费力。

为了强化你运用内在智慧的意图，你可以对自己重复声明：我呼唤我的内心智慧来指导和支持我。

内心充满感激之情

在理性关系中充满了相互欣赏和感激之情。大多数关系专家，包括约翰•戈特曼、哈维尔•亨德瑞克斯和帕特里夏•洛夫（Patricia Love）在内，都强调了伴侣之间相互欣赏的重要性，指出这是良好关系的重要组成部分。在你专注于欣赏对方时，一种感激的情绪就会自动涌现出来。感激是一种内在状态，会产生一种幸福的感觉。我们知道，感恩的人会更快乐。我们还发现，当你专注于你所感激的伴侣身上的特质时，你们的关系会得到改善。你的伴侣能感到你的感激之情，并很可能会做出相应的回馈。著名的自我激励专家、研究自助心理共依存（codependence）的梅洛迪•贝蒂（Melody Beattie）这样写道："感恩之心是将问题转化为幸运，将意外转为礼物的关键。"下面的练习可以帮你获得感激的感觉。

练习 8-1

培养感激之情

每天至少做这个练习三次。下面的脚本将指导你完成这一过程。

停下来，花一些时间来思考伴侣身上你所欣赏的地方。在你回想的时候，让自己微笑——让感恩之情涌现。当你开始体验到这种感恩和欣赏之情时，注意它所带来的满足感。让自己真正享受一下这种满足感，你会越来越能意识到充满感激之情的感觉有多好。

保持这种满足感一到两分钟，让自己真正感受一下你的情绪状态的自主转变。这是你的选择，你选择让自己感受欣赏带来的满足感。一定要真正感受一下，要知道你这样的话，会滋养自身，并滋养你们的关系。

现在做一个承诺，承诺你会一天三次欣赏伴侣身上的特质：早晨起床时，白天某个时刻你做白日梦遐想时，以及晚上临睡时。

你可能不总是想这样做，但当你继续致力于这一实践，你会发现自己越来越懂得欣赏和感恩。也许在将来，你的默认模式（default mode）会充满感激之情。持续打开头脑中的感激按钮，并让这种感觉持续，你就可以期待更为快乐的良好情绪。你甚至可能会惊讶于自己变得多么容易产生感激之情，并期待减少冲突，深化你与伴侣之间的连接感。

总结

　　一段理性关系是不断发展变化的。在许多方面，理性关系的发展过程都可以比作一个花园的生命周期。要想花园内花团锦簇、繁花盛开，就需要时刻对花园予以关照。园丁要除草和施肥。随着天气的变化、季节的转换，所有的花朵都需要付出耐心和责任。园丁必须小心保护花园里的花朵不受外界伤害。每个季节，园丁都明白要彻底享受和感激他的劳动成果。在下一章中，将给你提供方法和策略来维护你的劳动成果，管理你的焦虑，耕耘理性关系的花园。

第 9 章

从朝夕相处到长久陪伴

亲密关系是需要经营的，只要不断地耕耘，你最终会收获一段美好的关系。本书已经将亲密关系的技巧倾囊传授，相信你一定能够利用它开启美好的人生！

有一个流传很广的谚语叫"熟能生巧"。然而就本书所学到的技巧而言，更准确的说法是"熟能持久"。通过继续运用你学到的技巧，你将会获得持久的改变。通过采取下面的最终举措来巩固你的新技巧，你就能确保自己一直会从劳动成果中不断受益。

熟能持久

用你在第一部分中学到的暂停法和日常压力预防来调节和管理你的焦虑至关重要。为了保持你与伴侣的连接感，转换你们之间的关系，你还需要坚持实践在第二和第三部分中的策略。这就像学习一门新的语言，当你想学一门外语的时候，要想流利地掌握它，你就需要每天练习说话。如果没有定期练习，讲一口流利的外语几乎是不可能的。

改变我们的行为这个真理是有科学理论支持的。神经科学家发现，练习一种新技能能强化与技能相关的大脑神经通路。这就像锻炼肌肉，重复越多，肌肉就会变得越强壮。并且，就像当你停止锻炼以后，肌肉就会重新变软一样，如果你停止练习，支持技能的神经连接也会削弱。记住这一点，下面的练习是建立在你在第三章中学到的管理焦虑的技能，以及你在第七章中学到的角色适应性练习的基础上的，它将帮你保持所学到的技能，这样你就可以享受辛勤努力所带来的回报：生活中的焦虑变少以及与伴侣之间的连接感加固。

练习 9-1

扩展你的夜间可视化

练习 3-4 教你如何利用意向的力量来从事日常压力预防练习。只是通过一两分钟的可视化练习，你学会了设立一个目标，并且提升了你的未来行为支持该项意图的可能性。正如我们之前所讨论的，当谈到意图的力量时，确实是眼见为实，当你信以为实之后就会引领行动。最后，反复做一个动作能够创建一个新的习惯。

这个练习有两个目的：设立一个目标以提升你们的关系，并且在与伴侣积极互动的可视化练习中获得有益体验。这些在可视化过程中出现的情绪本身就是一个强大的动力，能增强你的意图并带来新的行为。你可以在完成练习 3-4 的夜间可视化练习之后，再补充完成这些额外步骤：

1. 在你已经处于一个放松的状态中时，舒舒服服地躺在床上，选择一个你想掌握的可以增进关系的行为。例如，你可以选择向你的伴侣提供支持、表达赞赏，或者即使你并不同意对方的观点，也要从你伴侣的角度来进行确认。你也可以使用在练习 7-2 中写在日记中的一个场景。

2. 就好像观看你和伴侣之间的理想互动的视频剪辑一样，想象自己正在选择做出一种增进关系的行为。

仔细看一下现场：听到自己以一种冷静和客气的口吻在说话，这些话语来自你的理性自我。或许你会用一种充满爱意和同理心的眼神凝视你的伴侣，或者是简单的欣赏。你能看到自己点头表示理解吗？你在微笑？也许你是用微笑表达赞赏。在你创建了这个展示你的理想行为的场景之后，尽量在其间找寻快乐。

当你继续想象这一场景时，享受这个想象中的互动带来的积极的、有益的连接感和同情的感觉吧。你甚至可以感受到一种满足感，因为你明白自己有能力利用新的行为改善你们的关系。在享受完积极的情绪之后，明白自己可以继续保持这种情绪，你就可以睁开眼睛了。

推进关系发展的总结和提示

下面的提示将帮你维护在减少焦虑和改变与伴侣的关系方面已经取得的进步。它们是对你在本书的三个部分的一个学习总结。

把这个列表放在手边，或许可以多复印几份，你可以把它贴在你的房间和办公室里，作为一个提醒（在附录C中还有一个缩略表）。

是什么在威胁你的亲密关系（第一部分）

了解自己的触发点　对表明你的焦虑可能在上升的内部和外部触发点都保持警惕是很重要的。一些压力源可能会保持一致，另外有一些可能会随着时间的流逝而改变，也可能会出现一些新的模式。

不要坐失时机　在你的焦虑升级以后，暂停法的最佳时间是当下，而不是在你察觉到触发点五分钟以后。通过停止焦虑，你就不会让它有机会进一步恶化。

将其视作礼物　如果你将日常压力预防视作送给自己的礼物，而不是一件苦差事的话，你就很可能继续坚持这个练习。视角就是一切。

尽力就好　成功不需要完美，只要你尽力就好。你的暂停法并不会总是做得完美无缺。你每次的日常压力预防不会总保持完美的一致性。不要因此而责怪自己，不要让它妨碍你。明天又是崭新的一天。

构建和谐亲密关系的完美指南（第二部分）

先保持冷静　在和伴侣讨论冲突之前，你需要采用暂停法让自己安静下来，恢复基于感性的中脑和基于逻辑的前脑之间的最佳沟通状态。你需要沟通，而不是发泄。

在座舱压力很低时，不要依赖伴侣给你带上氧气面罩　记住，你自己可以给予自己同情、安慰和确认。聆听你内心的声音，承认你的需求是有效的。有时伴侣没空，或者无法满足你的需求。记住，角色的灵活性，包括满足你自己的需求，是健康的相互依存关系的一部分。

时机就是一切　在发起一场艰难的谈话之前，确保你和伴侣都处在一个良好的氛围。记住，你的伴侣没有必要也采取了暂停法。在你开始谈话之前，与伴侣确认，看看他是否觉得足够冷静可以与你积极沟通。

借鉴孩子和猫身上的优点　好奇是孩子和猫的天性。当你感到对伴侣有了情绪反应，试图对对方做出评判时，要让自己对伴侣的视角感到好奇。站在对方的角度思考问题，对不同的观点保持一个开放的心态。一个好奇的立场可以开创新的可能性，并会为你和伴侣创建一种安全感和接纳的心态。

欣赏会有帮助　把对伴侣的欣赏作为对话的开场白。在你们起纷争的时候，很容易直接进入负面沟通模式。如果你是以一种欣赏和积极关注的心态表达，你的伴侣就容易接受你的反馈。同时，从积极的心态入手可以提醒你当时为什么要跟这个人在一起、为什么你现在仍然想要跟他在一起。

在与伴侣谈话时不要"打网球"　讨论冲突和打网球不一样，你们两个人都不要来来回回地击打这个球。与对方达成协议，允许彼此把想说的话都说完之后，另一个人再做出回应。打消想要打断和插话的冲动，在倾听的时候不要琢磨怎样反驳。

在亲密关系中收获成长（第三部分）

角色灵活　在相互依存的关系中，角色灵活性非常重要。灵活的角色表明关系健康，就像一个灵活的脊柱表明身体健康一样。

此处并没有白马王子和白雪公主　在现实生活中，"从此幸福地生活在一起"包含着在协调联系中会有很多不可避免的裂痕和修复。在你接受这一现实、接受理性和足够好的关系之后，才会产生最终满意度。

你怎么去卡内基音乐厅？练习，练习，再练习　每天都练习你所发展的自我调节和沟通的肌肉群。这是唯一可以保持你所学到的技能的方法，它增强了你与伴侣之间的连接感，现在你很享受这种感觉。记住，只要你继续本书中的练习，将来你所面对的每个障碍都可以促进你的成长。

把这本书放在手边　在管理你的焦虑时，以及在与伴侣处在健康的关系中时，你将会不可避免地面临挑战。我们强烈建议你在这些情况下参考这本书。不要勉为其难强迫自己去进修，而是可以利用书中提到的这些内容帮助自己。

总结

《在亲密关系中成长》终究是一次进步之旅，而非完美之旅。虽然你可能会倾向于关注你还没掌握的那些技巧，我们鼓励你承认并庆祝你在管理焦虑和改善你们的关系方面所取得的胜利，无论这成绩是大是小。现在，你不再受困于倏忽而至的焦虑，而是能识别你的情绪触发点，用暂停法和日常压力预防调节你的焦虑水平。你还获得了如何提升与伴侣的沟通、连接感以及增强对伴侣的同情心的技巧。虽然这是一个持续的过程，将会随着时间的推移变得更加精密，你会对所取得的进步以及自己持续做出的努力感觉良好。

花点时间注意一下你的基准压力水平是如何下降的，以及你的"红色警报"出现的频率是否降低了。回想一个场合，那次暂停法是如何帮助你从反应转变成回应的。再回忆一个场景，彼时即使你不同意伴侣的观点，你还是和他／她进行了确认，同时还有你自我确认的那些时刻。记住那些自己满怀同情心的时刻，不论是对自己还是对伴侣。在这些时候，你是在朝着理性关系迈近了一步。

当然，你和你们的关系总会面临新的挑战和要求。然而，通过继续使用本书中提到的这些方法，你将会变得越来越张弛有度，越来越能够减少冲突。无论你和伴侣在生活中遭遇了什么，都能迅速反应。你本人和你们的交流方式变化后所产生的累积效应，确实可以改变关系的动态，将其从过度依赖转移到健康的相互依存方面，让你能够拥抱理性关系。

附录 A　给你和伴侣的一些建议

　　这本书在手，就给你和伴侣提供了一些方法，让你们的关系可以更上一层楼。然而，你们每个人都遵循了不同的路径，殊途同归。你的伴侣学习一些处理焦虑的新技巧，并付诸实践：暂停法、可视化练习和沟通技巧等。另一方面，你被"引领"着发现自己无法"修复"伴侣的焦虑——我们不鼓励你去尝试这个。支持和同情，可以有；对此负责，不可。但是，你可以为自己的行为以及与伴侣之间的互动负责。你可以采取很多可以有助于这一过程的步骤。

　　知悉情况　了解焦虑，知晓其原因、触发点及治疗。这本书的第一部分帮你了解了焦虑的生理、基因和性情方面的原因（参阅附录 D 资源部分，可以获取一些额外的、有关焦虑的最新信息）。你对焦虑的本质了解得越多，你就越容易产生理解力和同情心，摒弃偏见。

　　以一种肯定的方式提供支持　如果你的伴侣患有焦虑，有时会是一件很艰难和令人烦恼的事。对方的感情似乎不可理喻，其行为也似乎是固执刻板，不可控制。这时，使用从第五章中学到的镜像和确认技巧（以及附录 B 中的感恩练习）。记住，你无需同意伴侣的观点，理解他 / 她的想法才能确认他 / 她的体验。

肯定而不是授权　有时不免会觉得你需要承担额外的角色和职责，以保护你的伴侣远离焦虑，从而平复或照顾对方的焦虑情绪。同样，过去你可能觉得你需要永远作"磐石"，为伴侣提供稳定的情绪支持，而自己却不能情感脆弱或者需要支持。正如我们在第四章中写的，只有你的伴侣自己才有权力和责任来减少他 / 她的焦虑。你的支持非常宝贵，但是如果你全权接手，你就是在积极维系一个过度依赖的联系。

保持乐观、给予鼓励　很有可能，你的伴侣低估了他 / 她的内部资源。只要知道你对伴侣的信任可以创造奇迹，能帮助他 / 她获得急需的信心就可以了。以一种关心和肯定的姿态呈现给你的伴侣，同时可以表达出你相信他 / 她可以利用本书中提供的方法来调节焦虑；这样有巨大的价值。即使你的伴侣怀疑事情会发生变化，你也要表达你的乐观和积极的期望，期待他 / 她能够克服焦虑。

不要承担你伴侣的压力　压力和焦虑会传染。有时，在伴侣倍感压力的时候，你自己可能也会感到紧张。不过，你可以向你的伴侣表达理解和同情，而无需自己也变得焦虑。目前面临的挑战是如何保持你的情感界限，并且依然对你的伴侣富有同情心。

共同做出决策　即使你的伴侣想要你在决策方面承担很大一部分责任，也要鼓励他 / 她相信自己在做决定方面的智慧。同样，让你的伴侣知道你相信他 / 她可以承担风险、忍受痛苦，有时这些是决策过程的一部分。

承认积极的变化　随着你的伴侣变得更强大，更善于调节他 /

她的焦虑，承认和欣赏你所看到的积极变化。同样，在你注意到关系改善了以后，承认并庆祝一下。当你和伴侣继续参与平复、恢复和发现这一过程时，你会有很多机会来庆祝你和你爱的人创造出的新的亲密感和连接感。

向你的伴侣寻求支持　在你的伴侣能更好地管理他／她的焦虑以后，在你应付一个挑战时，你可以开始要求伴侣给予你支持。你有机会能给予和接受支持很关键，这对你的伴侣也同样适用。即使对方焦虑不安，实践这些自我调节策略也能帮助伴侣将他／她的关注点转向你。

承认自己的情绪　有时，你可能会觉得对方的情绪和想法都不理性，或者行为固执己见、不可控制。有时候你可能会感到沮丧、愤怒或者受伤。当这些情绪出现的时候，接纳并认可它们，不要妄加评判，也无需自我谴责。出现这些感觉并不意味着你不体贴。然而，如果你希望与伴侣分享这些情感，务必使用在第五章和第六章中提到的沟通策略。

找到放松的方法　冥想、放松练习和平静舒缓的音乐 CD（见附录 D 的资源部分，有一个音频资料列表），以及日常压力预防对你和伴侣的幸福感非常重要。例如，一起做日常压力预防练习，可以提升你们的连接感，同时加强伴侣的自我安抚实践。

对寻求专业帮助保持开放心态　个人和夫妻治疗对你可能会是一个巨大的帮助。寻求治疗并非弱者的标志。这是理性的人认识到需要寻求外部咨询和专业知识的帮助。确保你选择的临床医生有夫妻关系和焦虑症治疗方面的培训。

用这本书来提升你的伴侣关系　当你阅读第二部分，开始与伴侣进行建设性的沟通，你会获得另一个方法来提升连接感、关心和支持。你也可以考虑让伴侣与你分享他／她在学习和实践本书中一些练习和技巧的体验。在每个人都致力于丰富你们的关系时，你们还可以彼此分享一下各自的体验，这同时也会增强你们的连接感。

附录 B　如何应对焦虑的伴侣

同焦虑的伴侣一起生活会很困难。有时，如果对方的行为看起来不合理，你可能会感到困惑、愤怒、试图评判，或者只是感到疲惫。这些反应情有可原，但是对你或对方却毫无帮助。幸运的是，在它们出现的时候，你可以学习捕捉这种情绪，并转换你的反应。例如，如果你把注意力转移到你所欣赏的对方的特质上面，你的判断就会不可避免地软化下来。下面的练习，在第六章你的伴侣或许你本人也都练习过了，在你的情绪被伴侣的高度焦虑影响以后，对你尤其会有帮助。

你可以多看几遍脚本，熟悉熟悉，然后按照回忆去做。或者如果你愿意你可以将其录音，或者请一位朋友或一位治疗师读给你听。找一个安静、舒适的地方，确保自己不会被打扰，然后开始。

首先让你的身体以最舒适的方式待着，用尽可能多的时间让自己真正安稳下来。现在，做好准备以后，闭上眼睛，深吸一口气，保持一会儿。现在深呼一口气，呼气时，想象你是在放松所有紧张，专注于呼吸，让呼吸带你进入一个不同的状态——一种更放松的状态。现在吸气，想象你是在吸入平静、安宁与和平——每个呼吸周期都会将你带入一个越来越深的平静状态。继续以这种方式缓慢呼吸，让自己随着每个呼气和吸气变得越来越轻松。

现在你感觉轻松了，花点时间去享受伴侣身上你最欣赏的特质——那些对你来说弥足珍贵的品质、那些独特的个人素质——回忆那些特质、那些行为、你欣赏的部分。你甚至可能会发现，对方软弱的一面，或者焦虑的天性也会变得可爱起来。当你回忆起每一个特质之后，就在脑海中浮现伴侣的形象。或许是一个静止的图像——一张你最喜欢的照片。或许它更像一个电影片段，在你看到你最喜欢的那些特质时，你要带着温暖、关心和深切的满足感看向对方。

在你看向这个形象时，注意你体内产生的某种感觉。你感觉轻松吗？你的手中有暖意吗？或者是你的胃里？也许你会注意到自己的脸上扬起了一抹微笑。如果没有微笑，或许你可以创造一个——让你的嘴角缓缓上扬——在你享受你爱的人身上所有可爱的品质时。

为了使你在未来更容易产生如此强烈的温暖和关怀的感觉，你可以创建一个线索，以便随时都可以自动产生这些感觉。为了创建这些能够激活你的身心的感觉，举起你的右手放在胸部，轻轻地把手掌放在心上。随着你把手掌放在心脏驻留的地方，感受这些来自身体最核心的部位散发出的微妙的、稳定的温暖感觉，并把它们都集中到你的手心。在你感受到这种温暖之后，唤起伴侣的形象，这种形象代表了那些你所欣赏的让人欢喜的特质。保持这个形象一两分钟，在你把手放在心上以后，享受这个动作带来的平静和满足。

　　创建了这个线索之后，你就是在训练你的大脑快速按下重播按钮，这样一来，这些美好的感觉很快就会自动回来。把握有这种感觉的手放在心上，这个线索会很容易引起这些舒缓的、平静的，充满关爱、同情和敬意的感觉。当你明白自己可以随时体验这种同情的感觉时，你就会释然，无论对方做还是没做——把你的右手放在心上，挖掘这种温暖的、舒缓的、充满关爱的感觉，让这些平静和充满爱意的情绪再度出现。

附录 C　60 秒掌握本书重点

1. 知道自己的触发点。

2. 根据需要立即采取暂停法。

3. 练习日常压力预防。

4. 在你与伴侣互动时，如果被触发了焦虑，就采取暂停法进行自我安抚，尊重你的感情，并确认你的视角。

5. 在发起一场艰难的谈话之前，确保你和伴侣都处于一个良好的氛围中。

6. 在和伴侣谈话时，使用一些建设性的交流方法（镜像、确认和同理心）。

7. 保持健康的相互依存这一目标。

8. 欣赏理性、足够好的关系。

9. 记住：熟能持久！

附录 D 资源

与焦虑症有关的协会组织

下面是一些协会、组织和基金会的网址，里面提供了大量的资源和互助的建议。

美国焦虑和抑郁症协会（Anxiety and Depression Association of America）

网址：www.adaa.org

焦虑症网站

网址：anxieties.com

国家精神疾病联盟（National Alliance on Mental Illness）

网址：www.nami.org

正念联合会（Mindfulness Associates）

网址：mindfulnessassociates.com

社交恐惧 / 社交焦虑协会（Social Phobia/Social Anxiety Association）

网址：www.socialphobia.org

社交恐惧症世界（Social Phobia World）

网址：socialphobiaworld.com

国际强迫症基金会（International OCD Foundation）

网址：www.ocfoundation.org

国家创伤后应激障碍中心（National Center for PTSD）

网址：www.ncptsd.va.gov

图书资料

慢性焦虑

Antony, Martin M., Michelle G. Craske, and David H. Barlow. 2006. *Mastering Your Fears and Phobias Workbook. Treatments That Work* series. 2nd ed. New York: Oxford University Press.

Antony, Martin M., and Peter J. Norton. 2009. *The Anti-Anxiety Workbook: Proven Strategies to Overcome Worry, Phobias, Panic, and Obsessions.* New York: The Guilford Press.

Bourne, Edmund J. 1995. *The Anxiety and Phobia Workbook.* 2nd ed. Oakland, CA: New Harbinger Publications.

Burns, David D. 2006. *When Panic Attacks: The New, Drug-Free Anxiety Therapy That Can Change Your Life.* New York: Morgan Road Books.

Daitch, Carolyn. 2007. *Affect Regulation Toolbox: Practical and Effective Hypnotic Interventions for the Over-Reactive Client.* New York: W. W. Norton and Company.

———. 2011. *Anxiety Disorders: The Go-to Guide for Clients and Therapists.* New York: W. W. Norton and Company.

Davis, Martha, Elizabeth Robbins Eshelman, and Matthew McKay. 2008. *The Relaxation and Stress Reduction Workbook.* 6th ed. Oakland, CA: New Harbinger Publications.

Foa, Edna B., and Reid Wilson. 1991. *Stop Obsessing! How to Overcome Your Obsessions and Compulsions.* New York: Bantam Books.

Forsyth, John P., and Georg H. Eifert. 2007. *The Mindfulness and Acceptance Workbook for Anxiety: A Guide to Breaking Free from Anxiety, Phobias, and Worry Using Acceptance and Commitment Therapy.* Oakland, CA: New Harbinger Publications.

Hyman, Bruce M., and Cherry Pedrick. 1999. *The OCD Workbook: Your Guide to Breaking Free from Obsessive-Compulsive Disorder.* Oakland, CA: New Harbinger Publications.

Kabat-Zinn, Jon. 1991. *Full Catastrophe Living: Using the Wisdom of Your Body and Mind to Face Stress, Pain, and Illness.* New York: Delta.

Rothschild, Babette. 2011. *Trauma Essentials: The Go-To Guide.* New York: W. W. Norton and Company.

Wehrenberg, Margaret. 2008. *The 10 Best-Ever Anxiety Management Techniques: Understanding How Your Brain Makes You Anxious and What You Can Do to Change It.* 1st ed. New York: W. W. Norton and Company.

Wilson, Reid. 1996. *Don't Panic: Taking Control of Anxiety Attacks.* Rev. ed. New York: Harper Perennial.

提升关系

Fruzzetti, Alan E. 2006. *The High-Conflict Couple: A Dialectical Behavior Therapy Guide to Finding Peace, Intimacy, and Validation.* Oakland, CA: New Harbinger Publications.

Gottman, John. 1994. *Why Marriages Succeed or Fail: And How You Can Make Yours Last.* New York: Fireside.

Gottman, John M., with Nan Silver. 1999. *The Seven Principles for Making Marriage Work: A Practical Guide from the Country's Foremost Relationship Expert.* 1st ed. New York: Three Rivers Press.

Hendrix, Harville. 1988. *Getting the Love You Want: A Guide for Couples.* 1st ed. New York: Henry Holt.

Hendrix, Harville, and Helen LaKelly Hunt. 2003. *Getting the Love You Want Workbook.* New York: Atria Books.

Zeig, Jeffrey, and Tami Kulbatski, eds. 2011. *Ten Commandments for Couples: For Every Aspect of Your Relationship Journey.* Phoenix, AZ: Zeig, Tucker, and Theisen.

音频资料

如果要订购卡洛琳·戴奇的音频节目，可以联系：

焦虑症治疗中心

电子邮件：canxietydisorders@me.com

网址：http://anxiety-treatment.com

网址：http://anxietysolutionsonline

Daitch, Carolyn. 2003a. *Dialing Down Anxiety*. CD-ROM. Farmington Hills, MI: Center for the Treatment of Anxiety Disorders. This audio program uses visualization, guided imagery, and established stress and anxiety-reduction techniques to counter the overreactions that accompany anxiety. anxietysolutionsonline.com.

———. 2003b. *The Insomnia Solution*. CD-ROM and MP3. Waterford, MI: Mindfulness Associates. This audio program guides the listener into a relaxed state and the stillness of mind and body necessary for sleep. When you use it nightly, you can train your nervous system to elicit the appropriate level of relaxation to foster good sleep habits. anxietysolutionsonline.com.

———. 2009. *Alpha/Theta Sailing II*. CD-ROM. Farmington Hills, MI: Center for the Treatment of Anxiety Disorders. This CD provides ambient music to promote a state of relaxation and well-being. Many use it as soothing background music at the office, at home, or while driving. This CD is especially useful for clients and clinicians who are using guided imagery, progressive relaxation, or hypnosis. When used in this context, it is designed to assist the listener in quickly moving into a state conducive to the development of therapist- or self-directed experience. anxietysolutionsonline.com.

————. 2010a. *Mastering Test Anxiety*. CD-ROM. Farmington Hills, MI: Center for the Treatment of Anxiety Disorders. This recording is designed to help the listener master excessive anxiety over taking exams. It guides listeners to relax the nervous system while remaining alert and focused when preparing for and taking exams. anxietysolutionsonline.com.

————. 2010b. *Overcoming Emotional Eating: Breaking the Cycle of Stress- and Anxiety-Based Eating*. CD-ROM. Waterford, MI: Mindfulness Associates. This audio program teaches the listener to discriminate between emotionally based cravings and real hunger. The program provides a set of tools to help the listener manage the stress, anxiety, and other emotions that lead to overeating. anxietysolutionsonline.com.

Naparstek, Belleruth. 1995. *Meditations to Relieve Stress*. CD-ROM and MP3. Akron, OH: Health Journeys. This recording uses four exercises to help master anxiety and promote feelings of safety and protection. www.healthjourneys.com.

————. 2007. *Guided Meditations for Help with Panic Attacks*. CD-ROM and MP3. Akron, OH: Health Journeys. This audio program uses healing imagery to reduce or eliminate acute anxiety and panic attacks. www.healthjourneys.com.

Yapko, Michael D. 2008. *Calm Down! A Self-Help Program for Managing Anxiety*. CD-ROM and MP3. Fallbrook, CA: Yapko Publication. This audio program includes four CDs that teach self-hypnosis for reducing anxiety. www.yapko.com.

可以选择的能够得到专业性帮助的资源

选择一个治疗师和适合你的治疗方式

Daitch, Carolyn. 2011. *Anxiety Disorders: The Go-to Guide for Clients and Therapists*. New York: W. W. Norton and Company. Guidance on finding and choosing a therapist, and the treatment modalities that are right for you.

认知行为疗法 (Cognitive Behavioral Therapy)

行为和认知疗法协会

（Association for Behavioral and Cognitive Therapies, ABCT)

网址：abct.org

国家认知行为治疗师协会

（National Association of Cognitive Behavioral Therapists,

NACBT)

网址：nacbt.org

放松训练 (Relaxation Training)

本森·亨利身心医学研究所

（Benson-Henry Institute for Mind Body Medicine)

网址：www.massgeneral.org/bhi

正念 (Mindfulness)

正念中心

（Center for Mindfulness in Medicine, Health Care, and Society）

网址：www.umassmed.edu/cfm/index.aspx

接受与承诺疗法（Acceptance and Commitment Therapy，ACT）

语境行为科学学会

（Association for Contextual Behavioral Science）

网址：contextualpsychology.org/act

情绪释放技术（Emotional Freedom Techniques，EFT）

情绪释放世界中心

（World center for EFT）

网址：eftuniverse.com

眼动脱敏和再加工（Eye Movement Desensitization and Reprocessing，EMDR）

眼动脱敏和再加工疗法学院

（EMDR Institute）

网址：www.emdr.com

眼动脱敏和再加工疗法国际协会

（EMDR International Association，EMDRIA）

网址：www.emdria.org

催眠术（Hypnosis）

美国临床催眠学会

（American Society of Clinical Hypnosis，ASCH）

网址：www.asch.net

临床与实验催眠学会

（American Society for Clinical and Experimental Hypnosis，SCEH）

网址：www.sceh.us

密尔顿·H. 埃里克森基金会

（The Milton H. Erickson Foundation）

网址：erickson-foundation.org

国际催眠学会

（The International Society of Hypnosis，ISH）

网址：ish-hypnosis.org